⑱天搞定
古代文化常识

谢明波 编

清华大学出版社
北京

内 容 简 介

本书结合作者多年高考语文一线教学经验,通过大数据统计高考古代文化常识考查的重难点,附以历年全国高考真题以及众多各地模考题,从命题角度出发,精准定位高考高频考查的古代文化常识,精讲精练,让考生备考不走弯路。

本书封面贴有清华大学出版社防伪标签,无标签者不得销售。
版权所有,侵权必究。举报: 010-62782989, beiqinquan@tup.tsinghua.edu.cn。

图书在版编目(CIP)数据

18天搞定古代文化常识/谢明波编.—北京:清华大学出版社,2021.7(2025.2重印)
ISBN 978-7-302-58536-7

Ⅰ.①1… Ⅱ.①谢… Ⅲ.①中华文化—通俗读物 Ⅳ.①K203-49

中国版本图书馆CIP数据核字(2021)第126415号

责任编辑:陈　明
封面设计:常雪影
责任校对:王淑云
责任印制:杨　艳

出版发行:清华大学出版社
　　　　网　　址:https://www.tup.com.cn, https://www.wqxuetang.com
　　　　地　　址:北京清华大学学研大厦A座　　邮　　编:100084
　　　　社 总 机:010-83470000　　　　　　　　邮　　购:010-62786544
　　　　投稿与读者服务:010-62776969, c-service@tup.tsinghua.edu.cn
　　　　质量反馈:010-62772015, zhiliang@tup.tsinghua.edu.cn
印 装 者:北京同文印刷有限责任公司
经　　销:全国新华书店
开　　本:165mm×235mm　　　印　　张:15.25　　字　　数:252千字
　　　　(附参考答案1本)
版　　次:2021年8月第1版　　　　　　　　　　印　　次:2025年2月第15次印刷
定　　价:49.00元

产品编号:091367-01

前 言

　　高考语文全国卷从 2015 年开始考查古代文化常识，涉考内容主要有：称谓常识、古代官职、选拔制度、礼仪制度、古代地理、文学常识等。在实际备考中，却无系统的备考资料和知识总结以供参考，学生往往陷入盲目备考的误区。为了帮助同学们更高效、更精准地备考古代文化常识，我们精心编写了这本古代文化常识备考专用书。

　　高三时间宝贵，高效率才能出好成绩，盲目备考只会浪费时间。古代文化常识能力考查以理解识记为主，若能系统备考，则可避免丢分。从近六年的全国高考语文真题来看，考题难度并不大，即使偶有相对较偏的选项，但设错项基本都在高考必考覆盖到的范围内。如 2020 年新高考Ⅰ卷"追比"、2020 年新课标Ⅰ卷"当轴"，备考时很难涉及到，但设错项"东宫"和"殿试"却是高频考查的常识。同时，即便往年已考查过的高频常识仍会重复考查。如 2015 年新课标Ⅱ卷考查的"阙"，2018 年新课标Ⅰ卷重复考查。又如 2017 年新课标Ⅱ卷考查的"京师"，2018 年新课标Ⅱ卷重复考查。

　　高频考查点重复出现提醒我们，古代文化常识备考应牢牢抓住重点，有的放矢，"广撒网"式的复习无疑是在浪费时间。

　　本书结合作者多年高考语文一线教学经验，通过大数据统计高考古代文化常识考查的重难点，在历年全国高考语文真题以及 1000 道各地模考题的基础上，从命题角度出发，精准定位高考高频考查的古代文化常识知识点，精讲精练，让高考古代文化常识备考不走弯路。

编者
2021 年 4 月

18天搞定古代文化常识计划表

	所属板块	复习内容	自查
第1天	称谓常识	不同身份人物称谓·古代部族+平民百姓+家族	
第2天		不同身份人物称谓·皇室+不同身份	
第3天		年龄称谓+人物别称·名｜字	
第4天		人物别称·号	
第5天		谦称敬称	
第6天	古代职官	国家机关	
第7天		古代官职·文官（中央）	
第8天		古代官职·文官（地方）+武官	
第9天		官职调动	
第10天	选拔制度	历代选官制度+科举制度	
第11天		科举制度	
第12天	礼仪制度	皇位继承制度+封建礼制	
第13天		皇家活动+民间活动·计时	
第14天		民间活动·民生+古代刑罚	
第15天	古代地理	古代地理	
第16天	古代文学常识	官方文体+典籍	
第17天		文学常识	
第18天		琴棋书画	

目 录

第一章　称谓常识 / 1
　　第一节　不同身份人物的称谓 / 2
　　第二节　年龄称谓 / 24
　　第三节　人物别称 / 28
　　第四节　谦称敬称 / 35

第二章　古代职官 / 41
　　第一节　国家机关 / 42
　　第二节　古代官职 / 49
　　第三节　官职调动 / 62

第三章　选拔制度 / 69
　　第一节　中国历代选官制度简介 / 70
　　第二节　科举制度必会重点 / 72

第四章　礼仪制度 / 81
　　第一节　皇位继承制度 / 82
　　第二节　封建礼制 / 85
　　第三节　皇家活动 / 106
　　第四节　民间活动 / 111
　　第五节　古代刑罚 / 127

第五章　古代地理 / 133

第六章　中国古代文学常识 / 143
　　第一节　官方文体 / 144
　　第二节　文学常识 / 147
　　第三节　典籍 / 157
　　第四节　琴棋书画 / 162

古代文化常识 200 题 / 170

第一章 称谓常识

第一节　不同身份人物的称谓

一、古代部族

（一）统称

1. 夷：我国古代对东方各部族的称呼。殷周之际，东方有淮、徐、奄等夷，不时以武力抗衡中原，其具体位置相当于今之江苏、山东一带。周武王封太公望于齐，封周公于鲁，随着时间的推移，东夷逐渐与华夏融合。

2. 狄：我国古代对北方各部族的称呼。北狄盘踞之地为今之内蒙古、宁夏、辽宁、吉林、黑龙江等省区，有白狄、赤狄、长狄之分。

3. 蛮：我国古代对南方各部族的称呼。秦收岭南，居于此处的越人归附，秦始皇置南海、桂林、象郡等以辖之。

4. 戎：我国古代对西方各部族的统称。戎与华夏同源，殷周之际，有鬼戎、余无之戎等，周时有西戎，后与华夏逐渐融合。

5. 胡：我国古代对西北民族的统称，秦汉时多指匈奴。

6. 东胡：先秦时代我国东北的一个民族，后分为乌桓、鲜卑两族。

注：以上对古代部族的称谓，均有一定程度的轻蔑之意。

（二）称谓细分

古代部族称谓细分				
匈奴	鲜卑	氐	奚	回鹘
鞑靼	巴蜀	三苗	肃慎	越
夜郎	滇	哀牢	乌孙	乌桓
南诏	契丹	党项	突厥	吐谷浑
吐蕃	吉利吉思	色目人	女真	蠕蠕

1. 匈奴——中国古代北方游牧部族，又称胡。社会组织以部落联盟为主，联盟的首领称为单于。曾建立奴隶制军事政权，无文字。

2. 鲜卑——中国古代北方游牧部族。曾建立政权。经济生活以畜牧为主。

3. 氐——中国古代西部地区的部族。与羌关系密切。长期与汉人错居，魏晋时大规模汉化，建有前秦、后凉等政权。

4. 奚——中国古代北方部族。原为东部鲜卑宇文部一支，辽时为契丹征服。

5. 回鹘——中国古代西北部族，唐时灭东突厥建立政权，以游牧为主，有文字，与唐交好，协助平定安史之乱。回纥后改为回鹘。

6. 鞑靼——中国古代北方游牧部族，又称达靼、塔坦、达打、达达。本是居住在呼伦贝尔地区的蒙古语族部落之一，后来鞑靼逐渐演变为对蒙古高原各部的泛称。

7. 巴蜀——先秦时地区名和地方政权名。主要在今四川境内。东为巴，西为蜀。后并于秦。

8. 三苗——远古传说时期的南方氏族部落集团。又称三毛、有苗、苗民。夏商以后统一用蛮记述。

9. 肃慎——中国古代东北地区最早见于记载的民族。后为靺鞨，主要有黑水和粟末两部，以射猎为主要经济生活，有原始农业。唐时设黑水都督府，后大祚荣以粟末为中心建立渤海政权，终被辽灭。

10. 越——中国古代南部部族。秦汉前分布在长江中下游以南地区，部族分支众多，有百越之称，从事渔猎、农耕、冶炼等，秦汉后部分与汉融合。

11. 夜郎——汉代西南夷中较大的一个部族，或称南夷。分布在云贵地区。秦及汉初已进入定居的农业社会。

12. 滇——秦汉时西南夷中一个较大的部族，主要居住在云南昆明滇池地区，曾帮助汉使探求通往印度的道路。

13. 哀牢——汉代西南夷中一个重要部族，因哀牢任酋长时最盛而得名。

14. 乌孙——汉代至北魏中叶居于天山伊犁河上游的部族，张骞曾出使至此，与汉和好，与北魏关系密切。

15. 乌桓——亦作乌丸，原与鲜卑同为东胡部落之一。

16. 南诏——唐代中国云南地区的乌蛮联合白蛮建立的政权。首领皮逻阁统一五诏，唐玄宗封其为云南王，采用唐朝政治制度，统治者用汉文，初期为奴隶社会，后封建化，后被大理政权取代。

17. 契丹——中国古代东北地区的一个部族，原附突厥，后附唐，关系多次反复，至唐末强大，五代时耶律阿保机建立契丹国，后改国号为辽。

18. 党项——公元6～14世纪活跃于中国西北地区的羌族的一支，又称党项羌，北宋时建立西夏封建政权。

19. 突厥——中国古代游牧部族之一，曾分布在阿尔泰山一带，后建立政权，有文字、官制、法制等。与北朝经济文化交流频繁，后分裂为东西两部，皆为唐所灭。

20. 吐谷浑——中国古代活跃在今青海及甘肃、四川部分地区的游牧民族。曾建国，国名亦称吐谷浑。

21. 吐蕃——公元7～9世纪中叶，古代藏族在青藏高原地区建立的奴隶制政权，其君称赞普。

22. 吉利吉思——元朝谦河流域的民族，即唐代的黠戛斯。

23. 色目人——元朝对除蒙古以外的西北各族、西域以至欧洲各族人的概称。

24. 女真——中国古代东北民族名，源于唐黑水靺鞨，北宋初完颜部迅速发展，完颜阿骨打统一各部建立金政权。明代分为建州女真、海西女真、野人女真。明末努尔哈赤统一女真各部，后建立后金政权，皇太极继位后改国号为清。

25. 蠕蠕——中国古代北方民族名，即柔然。

模拟自测

（请仔细阅读下列选项，勾选出不正确的选项）

1. 匈奴，中国古代北方游牧民族，《史记》《汉书》中均有记载。蒙恬"北筑长城"、霍去病"封狼居胥"、王昭君"出塞和亲"都与匈奴有关。（   ）

2. "蛮"，先秦时期非华夏民族的泛称之一；秦汉至魏晋南北朝时作为北方少数民族的泛称。（   ）

3. 吐谷浑，我国古代居住在西北部的少数民族，原为鲜卑族的一支，唐后期为吐蕃所灭。（   ）

4. 契丹，中国古代国名，后改国号为辽，先后与五代和北宋并立，与中原常常发生争端。（   ）

5. 戎夷，泛指少数民族部落，其中"戎"常泛指东方的少数民族。（   ）

6. 契丹，既是某民族称号，又曾是国号。五代时契丹某部落的首领乘中原内乱统一各部，几年后称帝建国，国号契丹。（   ）

7. 夷，古时对我国东方诸少数民族的泛称，后也可用来泛指四方的少数民族。（   ）

8. 契丹，是中国古代游牧民族，源于东胡，北魏时自号"契丹"。唐朝末年，迭剌部首领阿保机统一各部族，建立辽国。（   ）

9. 华夷，"华"泛指中原地区的汉族，"夷"泛指中国古代南方的少数民族。（   ）

10. 四夷即东夷、南蛮、西狄和北戎的合称。（   ）

11. 敕勒，中国古代民族，为原始游牧部落，又称赤勒、高车、狄历、铁勒、丁零等。（　　）

12. 华夷，原指居住在中原地区的华夏族与其周边的少数民族，后来也借指中国和外国。（　　）

13. 蠕蠕，我国古代北方民族名，即柔然。（　　）

14. 倭，指元末到明中叶多次在我国东南沿海抢劫骚扰的日本海盗，"倭"字起初并没有贬义，在日文中同"大和"的发音相同。（　　）

15. 突厥是古代活跃于蒙古高原和中亚地区的民族集团统称，同匈奴、鲜卑等都是中国历史上重要的游牧民族。（　　）

16. "夏"指西夏，是历史上党项人在我国西部建立的一个政权，曾与北宋对峙，苏轼有词云"西北望，射天狼"，"天狼"即喻指西夏国。（　　）

17. 中国古代称东方部族为夷，北方部族为狄；常用以泛称除中原人士之外的边民。（　　）

二、平民百姓

知识精讲

百姓称谓	
泛称	同义细称
黎	黎民、黎氓、黎苗、黎甿、黎烝、黎首、黎庶、黎元、黎蒸
庶	庶民、庶人
民	草民、生民、平民、小民、人民、民众
生	生灵、苍生
人	平人、野人、小人、丁口
白	白身、白士、白丁、白屋
衣	白衣、布衣、褐夫
子	子女、赤子
匹夫	/
黔首	/

百姓称谓	
泛称	同义细称
编伍	乡党
氓隶	/
刍荛	/
闾阎	同左

助记口诀

古来称谓多借代，特征用来代本体。

九黎成奴为平民，住白屋者穿白衣。

布衣褐衣头戴黔，食藿之人是庶民。

无官无职一身白，白士白丁皆百姓。

（一）黎

有书记载，四千多年前，黄河流域的炎帝部落和黄帝部落结成联盟，他们同东夷一起打败了从南方前来进犯的九黎民族，并俘获了大量俘虏。这些俘虏成了炎黄部落的奴隶，被称为"黎民"，又被称为"黎氓""黎苗""黎甿""黎烝""黎首""黎庶""黎元"等。另有"藜藿"，本指粗劣饭菜，贫民生活困难，常以野菜充饥，就以"藜藿"代指百姓，意为吃粗劣饭菜的人，用以区别肉食者。陈子昂《感遇（其二十九）》有云："肉食谋何失，藜藿缅纵横。"

（二）庶

指百姓，称为"庶民""庶人"。

（三）民

指百姓，称为"草民""生民""平民""小民""人民""民众"等。

（四）生

指百姓，称为"生灵""苍生"。

（五）人

指百姓，称为"平人""野人""小人""丁口"。

（六）白

百姓大多没有官职，因而又被称为"白身""白士""白丁"。
古代平民的房子不涂彩绘，因名"白屋"，后也代指平民。

（七）衣

古时未做官的人穿白色衣服，以"白衣"代指百姓。平民多穿布衣，因而又用"布衣"代指百姓。"褐"为兽毛或粗麻制成的短袄，为贫贱人之服。"褐夫"为衣褐之人，是古代对平民百姓的称谓。《孟子·公孙丑上》有云："视刺万乘之君，若刺褐夫。"

（八）子

古代君王常常称自己的臣民为"子女"。"赤子"指代子民，即百姓。

（九）匹夫

指平民中的男子，亦泛指平民百姓。

（十）黔首

古代老百姓戴黑色或青色的帻，黔即是黑色，因而用"黔首"代指百姓。

（十一）编伍

我国封建社会编制户籍以五家为一"伍"，因而用"编伍"代指百姓。

（十二）氓隶

"氓"是古代对百姓（多指失去土地，外来迁移的居民）的称呼，又称萌隶（氓隶）。

（十三）刍荛

割草打柴的人，指代乡野间见闻不多、无知浅陋的人或普通百姓。

（十四）闾阎

"闾"泛指门户、人家，中国古代以二十五家为一闾，"阎"指里巷的门。贫者居于闾左，富者居于闾右，因而用"闾左"代指贫苦人民。

模拟自测

（请仔细阅读下列选项，勾选出不正确的选项）

1. 乡党：古代五百家为乡，一万二千五百家为党，二者合称泛指乡里、家乡、同乡、乡亲。　　　　　　　　　　　　　　　　　　　（　　）

2. 黎庶：黎，起初指奴隶社会中的奴隶身份的劳动者；庶，起初指奴隶社会中的自由人；后来泛指平民百姓。　　　　　　　　　　　（　　）

3. 褐衣是用葛、兽毛等织就的粗布制成的衣物，是古时贫穷或地位低贱者的穿着。　　　　　　　　　　　　　　　　　　　　　　（　　）

4. 周代称国人中的下层为庶人。秦以后，除奴婢外，无官爵及秩品者均泛称庶人，一直延续到今天。　　　　　　　　　　　　　　（　　）

5. 布指麻葛之类的织物，古代平民穿麻葛织物制成的布衣，"布衣"代指百姓，也以"布衣"称没有做官的读书人。　　　　　　　　　（　　）

6. 闾里是古代城镇中有围墙的住宅区，一般为平民居住的地方，"闾里"代指平民或邻居。　　　　　　　　　　　　　　　　　　（　　）

7. 白衣，指无功名的人，还可指既无功名也无官职的人，古时称未考取功名的人为"白衣秀才"。　　　　　　　　　　　　　　　　（　　）

8. 丁口即男子人口，既是统计人口的基本计量单位，也是派征丁银、徭役的依据单位。　　　　　　　　　　　　　　　　　　　　（　　）

三、皇室

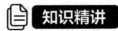

（一）皇帝称谓

皇帝称谓			
皇帝自称	他人尊称		
朕	陛下	君王	衮职
孤	万岁	官里	天家
寡	上	天	宅家
不谷	圣	车驾	大家
予一人	官	飞龙	县官
予小子	国家	九五之尊	人主
	至尊		

1. 皇帝的自称

（1）朕：秦以前指"我的"或"我"，自秦始皇起专用作皇帝自称。

（2）孤：古代帝王的自称，如"孤家""孤王"。

（3）寡：秦朝以后沿用为皇帝的自称，如"寡人"。

（4）不穀（谷）：本意是不善，后用作古代君王的谦称。

（5）予一人：商代帝王自称"予一人"，这是目前能见到的最早的帝王的自称。

（6）予小子：古代帝王在先王死后还服丧期间的自谦之称。

2. 臣下对皇帝的尊称

（1）陛下：陛下的"陛"指宫殿的台阶，"陛下"原指站在台阶下的侍者；臣子向天子进言时，不能直呼天子，必须先呼台下的侍者而告之，后来"陛下"就成为对皇帝的敬称。

（2）万岁：本意有永远存在之意，也用作臣下对君主的祝贺之辞。

（3）上：这是一个方位词，由于皇位高高在上，故以"上"字代替皇帝，又称"上主""皇上""圣上"。

（4）圣：对皇帝的尊称，又称"圣人""圣历"。

（5）官：对皇帝的敬称，又称"官家"。

（6）国家：东汉时对皇帝的称谓。

（7）至尊：对皇帝的尊称。

（8）君王：古时对帝王的一种称呼，又称"君人"。

（9）官里：指皇帝。

（10）天：晋时对皇帝的称呼，又称"天子""天王""天辟"。

（11）车驾：原指马驾的车，因是皇帝外出时所乘，故用作皇帝的代称。乘舆：原指皇帝或诸侯所用的车舆，后被用作皇帝的代称。六龙：皇帝车驾的六匹马，马八尺称龙，因称六龙，后用以借指皇帝。

（12）飞龙：借指皇帝，喻其居高位而临下，如飞龙在天。

（13）九五之尊：中国古代把数字分为阳数和阴数，奇数为阳，偶数为阴；阳数中九为最高，五居正中，因而以"九"和"五"象征帝王的权威，称为"九五之尊"。另外，《易·乾卦》有"九五，飞龙在天"的说法，后遂以"九五之尊"称帝王。

（14）人主：指君王、皇帝。

（15）衮职：借指帝王。

（16）天家：指皇帝。

（17）宅家：宫中对皇帝的称呼，因为皇权至高无上，"以天下为宅，四海为家"，故称其为"宅家"。

（18）大家：宫中近臣或后妃对皇帝的称呼。

（19）县官：古代天子别称。

（二）皇室成员称谓

皇室成员称谓	
皇帝的父亲	太上皇
皇帝的母亲	皇太后、慈壶、慈闱、天地母
皇帝的正妻	皇后、元后、元配、中宫、正宫、坤极、皇孋、梓童、天下母、椒房、大娘、王后、君妇

续表

皇室成员称谓		
皇帝的妾	\multicolumn{2}{c}{国阴、妃子、姬、内宠、内嬖、嬖人、娣姒、侍妾、小星、小娘、元妃}	
皇帝的儿子	皇位继承人	皇太子、太子
	继承人的妃妾	储妃、东妃、良娣、孺子
皇帝的女儿	女儿	公主、帝姬、格格（清）
	女婿	驸马、额驸（清）
皇帝的妹妹	\multicolumn{2}{c}{长公主}	
皇帝的姑姑	\multicolumn{2}{c}{大长公主}	

1. 太上皇：帝王尊其父为太上皇。

2. 皇太后：皇帝的母亲称为皇太后，秦汉以后历代沿称。

3. 太妃：已故皇帝的遗妃，清制，皇帝的祖父或父亲遗留的妃嫔，分别称为皇贵太妃、贵太妃。

4. 女主：即女子为君者，多指临朝执政的太后。《史记·吕太后本纪》有云："太后女主，欲王吕氏。"

5. 皇后：皇帝的正妻，此称号始于秦朝，秦汉以后历代沿称。

（1）元后、元配：帝王的正妻，元配皇后。

（2）坤极：皇后的别称。《后汉书·梁皇后纪》有云："梁小贵人宜配天祚，正位坤极。"

（3）皇孋（lí）：皇后的别称。《后汉书·皇后纪赞》有云："祁祁皇孋，言观贞淑。"

（4）梓（zǐ）童：皇帝对皇后的称呼。

（5）中宫：皇后的住处，代指皇后。

（6）天下母：对皇后的敬称。

（7）慈壶、慈闱（wéi）、天地母：对帝王母亲或皇后的敬称。宋代范成大《丙午东宫寿诗》有云："晨昏两慈壶，诗礼一贤王。"

（8）椒房——又称"椒室"，汉代皇后所居宫殿，用花椒一类的香料和泥涂抹墙壁，取其温、香、多子之义，以示吉利，后以椒房代称皇后。

（9）女君：君主的妃妾尊称嫡妻为女君。

（10）君妇：对君主正妻的称呼。

6. 娘娘：对皇后或宫妃的称呼。

7. 妃：对皇帝的妾的称呼。

（1）国阴：后妃的别称，古代称男为阳、女为阴，所以称帝王的后妃为国阴。

（2）妃子：皇帝的妾，地位次于皇后，在诸妾中地位较高。

（3）姬：古代帝王的妃妾。

（4）内宠、内嬖、嬖人：帝王宠幸的姬妾。

（5）娣姒：古代帝王诸妾的合称，年长者为姒、年幼者为娣，后来"娣姒"也指妯娌。

（6）妾、侍：妾的本意为女奴，帝王后妃之下的侍女统称为妾或侍妾。

（7）小星：古时侍妾的别称。

（8）元妃：妃嫔称号。本为"元配"之意，指第一次娶的嫡妻（正夫人）。后来，已不仅仅限于指称第一次娶的正妻了，只是地位尊贵的一种象征。辽金时期以此为妃子名号。金有元、贵、淑、德、贤五妃，均当于正一品官，以元妃为诸妃之首。后金和清初时期，元妃指大汗和诸王、贝勒、皇子的元配嫡福晋。

8. 大娘、小娘：皇后与妃妾的别称。皇后称为大娘，妃妾称为小娘。

9. 皇太子：皇帝所指定的继承人，一般为皇帝的嫡长子，但常有例外，由皇帝选定册立。

10. 太子妃：太子的妻子。

（1）储妃：太子妃。

（2）东妃：太子妃。

（3）良娣：太子妃妾的称号，始于西汉；汉时太子妻妾分三等，正妻称妃，妾曰良娣、孺子，魏晋至隋唐后宫皆沿置。古代贵族的妾也称孺子。

11. 太孙：于太子殁后选定太子的某个儿子为太孙。太孙为预定的皇位继承人。

12. 公主：帝王之女的称号；始于战国，汉制规定，皇帝之女称公主，帝之姊妹称长公主,帝姑称大长公主,后历代大致沿用。清朝称公主为格格。

13. 帝姬:北宋徽宗时对皇帝的女儿、姊妹、姑母的称呼。

14. 驸马:皇帝的女婿称驸马,非实官;清代称"额驸"。

> **小知识**
>
> 孺子所指并不单一,在古代的意思较多,需要结合具体的语境去判断,一般有以下含义:
>
> 1. 儿童、幼儿。
> 2. 古代称天子、诸侯、世卿的继承人。
> 3. 古代贵族的妾。
> 4. 同竖子、小子,含轻蔑意。
> 5. 指先秦时的《孺子歌》。
> 6. 东汉人徐穉(也作徐稚)的字,代指清贫淡泊、隐居不仕者。

(三)诸侯称谓

诸侯称谓	
诸侯	亲王、郡王、诸侯
诸侯正妻	妃、元妃、元嫡、内主、细君、少君、小君、寡小君、内官、正嫡、正室
诸侯妃子	继室、夫人、少妃、妾(长/贵/贱/副)、内官、侧室、别室、别房
诸侯之女	翁主
诸侯之女陪嫁的妾	媵御、媵妾

1. 亲王:中国古代爵位制度中王爵的第一等,仅次于皇帝的高级爵位,清朝之前的亲王均立国,封号一般为国号,清代时取美名冠之。

2. 郡王:郡王为仅次于亲王一等的爵名,清代郡王并不取郡名,而是取美名冠之,如顺承郡王等。

3. 妃:对王、诸侯的妻子的称呼。西汉时期称诸侯王正妻为王后,称其母为王太后;东汉时,随着诸侯王封地日渐缩减,王后改称王妃,王太后改称王太妃。

4. 元妃、元嫡：国君或诸侯元配夫人的称号。

5. 继室：诸侯元妃死后，次妃代理内事，称"继室"，后世凡正室亡故，侍妾扶正，亦称继室；续娶之妻亦称继室。

6. 夫人：周代诸侯的嫡妻，后来，诸侯之母也可称夫人；汉代皇帝的妾皆称夫人；魏晋以后，或称夫人，或另立名号。

7. 内主：先秦时诸侯夫人的称呼，后世有时也代指皇后。

8. 细君：原为古代诸侯之妻的称呼，后来转化为妻子的通称。

9. 少君、小君：先秦时称诸侯的妻子为少君或小君。

10. 寡小君：古代国君夫人对诸侯自称的谦词，臣民对别国也谦称本国国君的夫人为寡小君。

11. 少妃：先秦诸侯之妾的称呼。

12. 长妾、贵妾：古代诸侯有子的妾。

13. 贱妾、副妾：诸侯地位低下的妾。

14. 内官：先秦时诸侯妻妾、宫廷女官的称号，后代多有沿用。

15. 翁主：依汉代制度，诸王之女称翁主，即后世的郡主。

16. 正嫡、正室：嫡妻、正妻的别称。

17. 侧室、别室、别房：妾的别称。

18. 媵：陪嫁的妾，古代诸侯的女儿出嫁时常以妹妹或侄女从嫁为侍妾，称为媵。

19. 媵御、媵妾：随嫁的侍妾。

直通真题

（请仔细阅读下列选项，勾选出不正确的选项）

「2022 新高考 Ⅰ 卷」A. 寡人意为寡德之人，春秋战国时期君主常如此谦称自己。

（　　）

「2022新高考Ⅱ卷」D. 车驾，以帝王所乘车马代指帝王，与古诗文中以"丝竹"代指音乐用法相同。（   ）

「2020新高考Ⅰ卷」C. 殿下是古代对太子、诸王、丞相的敬称，礼尊意味次于敬称皇帝的陛下。（   ）

「2020新高考Ⅰ卷」B. 东宫是古代皇家宫殿的称呼，由于是太子所居之宫，文中用来借指太子。（   ）

「2018新课标Ⅲ卷」D. 御名指皇帝名讳，古代与皇帝有关的事物前常加"御"字，如御玺指皇帝印信。（   ）

「2017新课标Ⅱ卷」C. 车驾，原指帝王所乘的车，有时因不能直接称呼帝王，于是又可用作帝王的代称。（   ）

「2016新课标Ⅱ卷」A. 中宫是皇后所居之宫，后来又可以借指皇后，这与东宫又可以借指太子是同样道理。（   ）

「2016新课标Ⅱ卷」B. 陛下指宫殿中立有护卫的台阶下，因群臣不可直呼帝王，于是借用为对帝王的尊称。（   ）

模拟自测

（请仔细阅读下列选项，勾选出不正确的选项）

1. 东宫，古代宫殿名，因在皇宫东面而得名，后也借指居住在此的太子。（   ）

2. 朕，古代第一人称代词，相当于"我"，从秦始皇时起成为皇帝自称的专用词语。（   ）

3. 公主，封建社会皇帝之女的封号，因和亲等出嫁的宗女或宫女，有的也封公主。（   ）

4. 太子，两汉时指皇帝、诸侯王的继承人，后来诸侯王的继承人称"世子"。（   ）

5. 东宫是中国古代宫殿指称，因方位得名。后专指居住于东宫的储君，即太子。（   ）

6. 南面，代称帝位。古代坐北朝南为尊位，天子、诸侯见群臣，卿大夫见僚属，皆面南而坐。（　　）

7. 陛下，对帝王的尊称。陛下本义是台阶，其两侧是古时帝王卫士的戒备之地，后演变为对帝王的尊称。（　　）

8. 皇帝是中国两千多年间封建社会最高统治者的称呼，秦始皇是中国首位皇帝，自称始皇帝。（　　）

9. 诸侯是古代中央政权所分封的各国国君的统称。在其统辖区域内，世代掌握军政大权，但要服从王命，定期向帝王朝贡述职。（　　）

10. "质"是"质子"，是古代君主为表示诚意与妥协，派往敌方或他国去的人质，多为王子或世子等贵族。（　　）

11. 寡人，寡德之人，意为"在道德方面做得不足的人"，是古代君主、诸侯王对自己的谦称。（　　）

12. 县官，旧称一县的行政长官，西汉时常用以称政府或皇帝。（　　）

13. 古代统治者把他们的政权说成是受天命建立的，因此称国王或皇帝为天的儿子，即天子。（　　）

14. 王，原指古代的最高统治者。秦汉以后，帝王改称为皇帝，"王"就成为封建皇族或功臣封爵的最高项，异姓不得封王爵。（　　）

15. 皇帝的自称常见的有"寡人""孤""陛下"等。（　　）

16. 车驾，原指帝王所乘的车，有时因不能直接称呼帝王，于是又可作帝王的代称。类似的还有"御驾""尊驾""皇舆""千乘""陛下"等。（　　）

17. 朕指我、我的。秦以前，不论尊卑，皆可自称朕；后自秦始皇起，专用为皇帝的自称。（　　）

18. 皇后指皇帝的正妻，秦以前只称"后"，秦以后天子称"皇帝"，"后"于是改称为"皇后"。（　　）

19. 臣子向皇帝进言时，皇帝必须站在宫殿的台阶下接受进言，所以尊称皇帝为"陛下"。（　　）

20. 贵人，皇帝妃嫔封号之一。东汉光武帝时始置，其位仅次于皇后，清代置贵人于嫔位之下，后世也把贵人当作对地位尊崇之人的尊称。（　　）

21. 皇太子也称太子，通常被授予的对象是皇帝的嫡长子，也通常是封建社会皇帝的第一顺位继承人。（   ）

22. 皇后，指皇帝的正妻。在后宫的地位如同天子，是众妃之主。古代皇后所居的寝宫多位于后宫正中央，因此皇后的寝宫被称为"正宫"或"中宫"，"中宫""正宫"也就成了皇后的别称。（   ）

23. "后主"指末代君主。此词始见于《三国志》，陈寿称刘备为"先主"，刘禅为"后主"。后来的李煜，是南唐最后一位国君，因此世称其为南唐后主、李后主。（   ）

四、家族

> 知识精讲

（一）代际亲属称谓

九族五服图

				出五服 六世祖				
			出五服 叔伯高祖	四服 高祖	出五服 高祖姑			
		出五服 堂曾祖	四服 叔伯曾祖	三服 曾祖	四服 曾祖姑	出五服 堂曾祖姑		
	出五服 从父	四服 堂父	三服 叔伯父	二服 祖父	三服 祖姑	四服 堂祖姑	出五服 从祖姑	
出五服 族伯叔	四服 从伯叔	三服 堂伯叔	二服 亲伯叔	一服 父亲	二服 姑姑	三服 堂姑	四服 从姑	出五服 族姑
六服 兄弟	五服 族兄弟	四服 从兄弟	三服 堂兄弟	二服 兄弟	一服 自身	二服 姐妹	三服 堂姐妹	四服 从姐妹	五服 族姐妹	六服 姐妹
出五服 族侄	四服 从侄	三服 堂侄	二服 亲侄	一服 儿女	二服 侄女	三服 堂侄女	四服 从侄女	出五服 族侄女
	出五服 从孙子	四服 堂孙子	三服 叔伯孙子	二服 孙子 孙女	三服 叔伯孙女	四服 堂孙女	出五服 从孙女	
		出五服 堂曾孙	四服 叔伯曾孙	三服 曾孙 曾孙女	四服 叔伯曾孙女	出五服 堂曾孙女		
			出五服 叔伯玄孙	四服 玄孙 玄孙女	出五服 叔伯玄孙女			
				出五服 六世孙				

（二）大小排行

我国古代有伯、仲、叔、季之分，分别指代家中儿子的长幼顺序，也就是老大、老二、老三和老四。

1. 伯，把也，把持家政也。

宗法社会里，常以长子继承父位当家，当国者则一样把持国政。如"春秋五霸"，"霸"亦可作"伯"，即指盟国所奉的把持朝政的长兄，"伯""霸"通用。同义的"兄"字，从人从口，表示在家里是发号施令者，弟弟们对兄长是必须服从的。

2. 仲，中也，位在中也。

这个叫法还留在云南白语里，在白语里，"仲子"指二儿子，"仲女"指二女儿。

3. 叔，少也。

这个字跟"俶"字同根，《尔雅·释诂》解释为"俶，始也""俶，作也"，就是才起来的、新生的。

4. 季，癸也。甲乙之次，癸最在下，季亦然也。

指最幼小的，不管多于或少于四个，"季"都是最末的，如果只有三个，就指老三。周文王之父季历是老三，上有"太伯、仲雍"，可见末子为老三也可称季。晋代著名道学家葛洪字稚川，他也是老三，"稚"即是"季"的代换字。

（三）中表内外

古代称父系血统的亲戚为"内"，称父系血统之外的亲戚为"外"，如外父即为岳父，外甥即为姊妹之子，姑之子为外兄弟，舅之子为内兄弟。外为表，内为中，"内外"亦合称为"中表"。

模拟自测

（请仔细阅读下列选项，勾选出不正确的选项）

1. 曾，指隔两代的亲属。不同的代际血缘关系用语不同，如隔三代的称"从"，同祖父的称"堂"。（　　）

2. 曾祖，"九族"之一，指父亲的祖父。"九族"按顺序一般指高祖、曾祖、祖父、父亲、己身、子、孙、曾孙、玄孙。（　　）

3. "从"指堂房亲属，"从子"指兄弟之子，也可以指血缘关系隔得更远的子侄辈。（　　）

4. 从弟，古代指共曾祖父而不共父亲又年幼于己者的同辈男性。若不共祖父则为从祖弟，若共祖父则为从父弟。（　　）

5. 中表，古代称父系血统的亲属为"内"，称父系血统之外的亲属为"外"。内为中，外为表，合而称为"中表"。（　　）

6. 古时兄弟排行，以伯、叔、仲、季作次序，季是最小的。在时间上，"季"亦指最末的，如"季年"即末年。（　　）

7. "考"特指已故的母亲，而"妣"指已故的父亲。（　　）

8. 九族，古代多指高祖、曾祖、祖父、父、己身、子、孙、曾孙、玄孙九代，今泛指亲戚。（　　）

9. 季，排行次序之一，表示排在最后的。伯、仲、叔、季，是先秦古人确立的兄弟长幼之序的说法，《论语》《仪礼》均有记载。（　　）

10. 从父，指称祖父的亲兄弟的儿子。从父年长于父者为从伯，即堂伯；年幼于父者为从叔，即堂叔。（　　）

11. 从弟，旧时以姑母、姨母或舅父的儿子中比自己年轻者为从弟。（　　）

12. 从弟，唐代以前指同曾祖父不同父亲而年幼于己的同辈男性；唐代以后指同祖父不同父亲而年幼于己的同辈男性，同今之"堂弟"。（　　）

13. 庶妻，正妻之外的姬妾。嫡庶制度是中国古代婚姻制度的核心内容，"嫡"指正妻及其所生子女，"庶"指姬妾及其所生子女。（　　）

五、不同身份

知识精讲

（一）职业称谓

职业称谓	
庖	厨师
优	俳优、优伶、伶人，古代用以称以乐舞戏谑为职业的艺人
工商	手工业者和商人
沙门	出家修行的宗教人士
悬壶	医生

（二）不同身份人物代称

1. 鳏寡孤独

《礼记》说："少而无父者谓之孤，老而无子者谓之独，老而无妻者谓之鳏，老而无夫者谓之寡。"年老的男人没有妻子的叫"鳏"，年老的女人没有丈夫的叫"寡"，年老而没有子女的叫"独"，幼年死去父亲的叫"孤"。《孟子》称这四种人为"穷民"，即困苦的人。

2. 富贵人家

（1）纨绔：纨绔是古代一种用细绢做成的裤子，古代富贵人家的子弟都穿细绢做的裤子，这很能反映出他们奢侈的特点，因此，人们常用纨绔来形容富家子弟。

（2）鼎食：列鼎而食，吃饭时排列很多鼎。形容富贵人家豪华奢侈的生活。

（3）珠履：缀有明珠的鞋子，豪门宾客的代称。

3. 读书人

（1）青衿：亦作"青襟"，周代读书人常穿的服装，泛指有学识的人。

（2）白袍：旧指未得功名的士人。唐代士子未仕者服白袍，故以"白袍"为入试士子的代称。

（3）士：商、西周、春秋时期最低级的贵族阶层，春秋末年后逐渐成为统治阶级中知识分子的通称。

（4）士大夫：古时指当官有职位的人，也指没有做官但有声望的读书人。

4. 官员

（1）搢绅：指插笏于绅。"绅"指古代仕宦者和儒者围于腰际的大带，"笏"指笏板，是古代臣下上殿面君时的工具，故"搢绅"常用为官宦或儒者的代称。

（2）金紫：指"金印紫绶"，借指高官显爵；唐宋后指金鱼袋及紫衣，即唐宋的官服和佩饰，用以指代贵官。

（3）绯鱼袋：指绯衣与鱼符袋，旧时朝官的服饰；唐制，五品以上官员佩鱼符袋。

（4）贪墨：指官员贪污，语本《左传》"贪以败官为墨"，也是贪官污吏的代名词。

（5）具臣：①备位充数之臣；②泛称为人臣者。

5. 囚犯

（1）赭衣：在古代只有囚犯才穿的衣服，用赤土染成赭色，后用为囚犯的代称。

（2）人犯：跟犯人的意思相同，指犯罪的人，多指在押的。

（3）南冠：楚国在南方，因此称楚冠为南冠，本指被俘的楚国囚犯，后泛指囚犯或战俘；亦作"南冠囚""南冠君子""南冠客""南冠"。

6. 其他

（1）宾客：指古时投靠在贵族、官僚、豪强门下的一种非同宗的依附者，也称客。

（2）处士：古时候称有德才而隐居不愿做官的人，后亦泛指未做过官的士人。

（3）隐士：道家用语，指隐居不出仕的文儒；保持独立人格、追求思想自由、不委曲求全、不依附权势、具有超凡才德学识，真正出自内心不愿入仕的隐居者才能被称为隐士。

（4）贼：古时多指严重危害或背叛人民和国家的坏人，而一般称偷东西的人为盗。

第一章　称谓常识

直通真题

（请仔细阅读下列选项，勾选出不正确的选项）

「2023 新课标 I 卷」C. 具臣，文中与"有功"相对，是指没有功劳的一般人臣，具体就是指高赫。　　　　　　　　　　　　　　　　　　　　　　　　（　　）

模拟自测

（请仔细阅读下列选项，勾选出不正确的选项）

1. 鳏寡，泛指老弱孤苦的人。鳏，年老无妻或丧妻的男子；寡，年老无夫或丧夫的女子。　　　　　　　　　　　　　　　　　　　　　　　　　　　（　　）
2. 赭衣，在古代只有囚犯才穿的衣服，用赤土染成赭色，后用为囚犯的代称。（　　）
3. 鼎食，古代贵族吃饭时都要鸣钟列鼎而食，后泛指富贵人家。　（　　）
4. 朋党原指同类人相互勾结，后也作为因政见不同而相互倾轧、排斥异己的宗派集团的统称。　　　　　　　　　　　　　　　　　　　　　　　　（　　）
5. 士人，指读书人。　　　　　　　　　　　　　　　　　　　　（　　）
6. 宾客是指古代同宗族出身的或投靠依附王侯贵族并为其效命的门客。（　　）
7. 搢绅，指插笏于绅。"绅"指古代仕宦者和儒者围于腰际的大带，"笏"指笏板，是古代臣下上殿面君时的工具，故"搢绅"常用为官宦或儒者的代称。　　　　　　　　　　　　　　　　　　　　　　　　　　　　　　（　　）
8. 烈士，古义指有志于建功立业之人，今指为正义事业而牺牲的人。（　　）
9. 单于本是匈奴人对其首领的专称，后来成为我国古代北方游牧民族首领的统称。　　　　　　　　　　　　　　　　　　　　　　　　　　　　　（　　）
10. "工商"是手工业者和商人的简称，在封建社会里为杂色之流，可追求物质享受，不可与朝贤君子比肩而立，更不可超授官秩。　　　　　　　（　　）
11. 衣冠，指衣服和帽子，古代士以上戴冠，因此又以衣冠来代指缙绅、士

大夫。　　　　　　　　　　　　　　　　　　　　　（　　）

12. 古时候称有德才而隐居不愿做官的人为处士，与"隐士"的含义完全相同。
　　　　　　　　　　　　　　　　　　　　　　　　　（　　）

13. 宾客，指权势贵族豢养的门客，有时也指他国使者。（　　）

14. 在古代，爪牙是得力帮手的意思；现多比喻为坏人效力的人，党羽、帮凶，是贬义词。　　　　　　　　　　　　　　　　　　（　　）

15. 贼，古时指偷东西的人，而一般称严重危害或背叛人民和国家的坏人为盗。
　　　　　　　　　　　　　　　　　　　　　　　　　（　　）

16. 鳏寡孤独泛指没有劳动力而又没有亲属供养、无依无靠的人。鳏：年老无妻或丧妻的男子；寡：年老无夫或丧夫的女子；孤：年幼丧父的孩子；独：年老无子的老人。　　　　　　　　　　　　　　　（　　）

17. 金紫，指金印紫绶，由皇帝颁赐给朝中的重臣。　　（　　）

第二节　年龄称谓

知识精讲

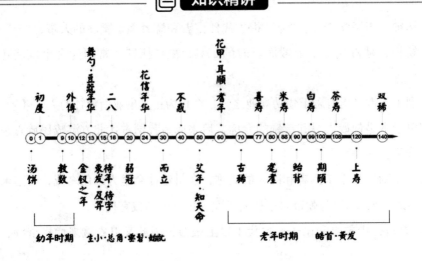

（一）幼年时期

1. 汤饼：婴儿出生三天，家中长辈邀亲友吃汤饼。

2. 初度：周岁，也有生日的意思。

3. 教数：指儿童 9 岁。

4. 外傅：指儿童 10 岁，出外就学。

5. 生小：幼年。

6. 总角：总，聚束；角，小髻，意为收发结之，即儿童的发髻向上分开的样子，俗称小丫角，因此称童年时代为"总角"。

7. 垂髫：髫，古时小孩下垂的头发；古时童子未冠，头发下垂，因而以"垂髫"代指童年。

8. 始龀：龀，儿童换牙，即脱去乳牙长出恒牙；按生理常规，男孩八岁、女孩七岁时换牙，"始龀"便成了童年的代称。

（二）青少年时期

1. 金钗之年：指女子 12 岁。

2. 舞勺：指男子十三四岁；豆蔻年华：指女子十三四岁。

3. 15 岁

（1）束发：束，捆、结之意；古代男孩 15 岁成童时束发为髻，因以束发为成童的代称，成童指青少年。

（2）及笄：笄，谓结发而用笄贯之，表示已到出嫁的年岁，指女子 15 岁。

（3）待年：指女子成年待嫁，又称待字。

4. 二八：指女子 16 岁。

5. 弱冠：指男子 20 岁，古代男子 20 岁行冠礼，表示已经成年。

（三）壮年时期

1. 花信年华：指女子 24 岁。

2. 而立：指 30 岁。

3. 不惑：指40岁。

4. 艾年（知天命）：指50岁，也指老年人。

（四）老年时期

1. 皓首：指老年，又称"白首"。

2. 黄发：指长寿老人。

（1）花甲（耳顺）：指60岁。

（2）古稀：指70岁。

（3）喜寿：指77岁。

（4）耄耋：指80岁。

（5）米寿：指88岁。

（6）鲐背：90岁，指长寿老人。

（7）白寿：99岁。

（8）期颐：指100岁。

（9）茶寿：指108岁。

（10）上寿：指120岁。

（11）双稀：指140岁。

直通真题

「2016天津卷」下列各句所涉及的年龄，由小到大排列正确的一项是（　　）。

①余自束发读书轩中　　　　　　②豆蔻梢头二月初
③既加冠，益慕圣贤之道　　　　④年近知命，位止方州
⑤行行向不惑，淹留遂无成

A. ③①②④⑤　　　　　　　　　B. ③②①⑤④
C. ②④③①⑤　　　　　　　　　D. ②①③⑤④

第一章 称谓常识

模拟自测

（请仔细阅读下列选项，勾选出不正确的选项）

1. 古代男子20岁行冠礼，表示已经成人，因还未到壮年，故称"弱冠"。（   ）

2. "结忘年"就是人与人之间在年龄、辈分上存在较大差距，仍因德才相敬慕而结交。（   ）

3. 髫年，幼年儿童，与陶渊明《桃花源记》中"黄发垂髫"中的"垂髫"含义不同。（   ）

4. 及笄，古代女子满15岁把头发绾起来，戴上簪子，表示已成年，可以婚嫁。举行及笄礼时要为女子正式起名。（   ）

5. 冠即冠礼，是古代中国汉族男性的成年礼，一般在20岁时举行。（   ）

6. 丈夫，古代泛指成年男子，因其身高依古制约合一丈，故称；亦指英武有志节的男子。（   ）

7. 髫龀，垂髫换牙之时，指童年。"黄发垂髫""有遗男，始龀，跳往助之"中的"髫""龀"与此处含义相同。（   ）

8. "总角"指的是古时男孩子未举行加冠礼时的发型，把头发梳成两个发髻，就像头顶两只角。（   ）

9. 女性成年礼时举行笄礼，即在女子16岁时改变幼年的发式，将头发绾成一个髻，随即以簪插定发髻。（   ）

10. 源于周朝的"冠礼"是中国古代的成年礼，古代，无论男女到了20岁都要行"加冠之礼"，以示成人，但因尚未至壮年，故称弱冠。（   ）

11. "耄"指七八十岁的年纪，"耋"指八九十岁的年纪。"耄耋"是高龄、高寿的意思。（   ）

第三节 人物别称

一、人物别称分类

人物别称										
称字	称号				称斋名	称籍贯	称郡望	称官名	称爵名	称官地
	别号	谥号	庙号	年号						

1. 称字

古人幼时命名，成年（男 20 岁、女 15 岁）取字，字和名有意义上的联系。字是为了便于他人称呼，对平辈或尊辈称字是出于礼貌和尊敬。

2. 称号

（1）别号：号又叫别号、表号，名、字由父亲或尊长取定，号由自己取定；号，一般只用于自称。

（2）谥号：古代帝王、诸侯、卿大夫、高官、大臣等死后，朝廷根据他们的生平行为，给予一种称号以褒贬善恶，称为谥或谥号，如"武"帝、"哀"公等。

（3）庙号：庙号是中国古代帝王死后在太庙里被供奉时追尊的名号。

（4）年号：年号是中国古代封建皇帝用以纪年的名号，年号由汉武帝首创，他的第一个年号为"建元"，可以用年号来称呼皇帝，如清高宗爱新觉罗·弘历被称为乾隆。

3. 称斋名：指用斋号或室号来称呼，如南宋诗人杨万里的斋名为诚斋，人们称其为杨诚斋；再如姚鼐因斋名为惜抱轩而被称为姚惜抱、惜抱先生。

4. 称籍贯：以人的出生地称之，如孟浩然被称为孟襄阳，柳宗元被称为柳河东。

5. 称郡望：声称出自名门望族的行为，如韩愈虽系河内河阳人，但因昌黎韩氏为唐代望族,故韩愈常以"昌黎韩愈"自称,世人遂称其为韩昌黎。

6. 称官名:以人的官名称之,如杜甫被称为杜工部。

7. 称爵名:以人的爵位名称之。如寇准的爵号是莱国公,有人称其为"寇莱公",莱公是省称。

8. 称官地:以人做官的地方称之,如岑参被称为岑嘉州,柳宗元被称为柳柳州。

二、名与字

知识精讲

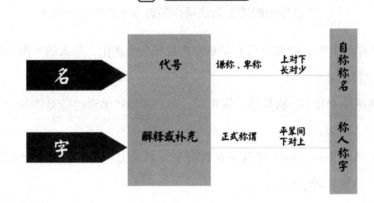

1. 名

名是每个人的代号,是人们之间相互区别的符号,《说文解字》对名这样解释:"名,自命也。从口夕,夕者,冥也,冥不能相见,故以口自名。"

在古代社会,据《周礼》"婚生三月而加名",一般,婴儿出生三个月后由父亲命名。

2. 字

"字"又叫"表字",是除本名外另取的一个与本名有所关联的名字,男子在20岁行冠礼时取字,而女子则在15岁行笄礼时取字。

名和字是有关联的,字是对名的解释和补充,对名有表述、阐明的作用,因此又叫"表字"。

3. 称名称字礼仪

在古代，由于特别重视礼仪，所以在名、字的称呼上是十分讲究的。

在人际交往中，名一般用作谦称、卑称，或上对下、长对少的称呼。平辈之间，相互称字；下对上、卑对尊写信或呼唤时，可以称字。即：自称称名，称人称字，这是基本的礼貌。

直通真题

（请仔细阅读下列选项，勾选出不正确的选项）

「2017新课标Ⅰ卷」A. 以字行，是指在古代社会生活中，某人的字得以通行使用，他的名反而不常用。（　　）

「2015新课标Ⅰ卷」C. 庙号是皇帝死后，在太庙里被供奉时特起的名号，如高祖、太宗、钦宗。（　　）

「2015新课标Ⅱ卷」A. 古代男子有名有字，名是出生后不久父亲起的，字是二十岁举行冠礼后才起的。（　　）

「2015新课标Ⅱ卷」B. 谥号是古代帝王、大臣等死后，据其生平事迹评定而给出的称号，如武帝、哀帝、炀帝。（　　）

模拟自测

（请仔细阅读下列选项，勾选出不正确的选项）

1. 字，古代男子20岁成人时举行加冠礼取字，以表示对本人的尊重或供朋友称呼，如苏武字子卿、张衡字平子。（　　）
2. 字又叫表字，和名有一定联系，往往是对名的解释和补充，用于自称以表谦逊。（　　）

3. 字是指在本名以外所起的表示德行或与本名意义相关的名字,古代男子有名有字,女子受男尊女卑思想影响,没有取字的权利。（　　）
4. 古人幼时命名,成年（男 20 岁、女 15 岁）取字,字是为了便于他人称呼,对平辈和尊辈称字是出于礼貌和尊敬。（　　）
5. 孺子是徐稚的字,古人的名和字在意思上是相关的,"稚"和"孺子"皆指幼小。（　　）
6. 字是古人成年后由父母或尊长取的别名,又称表字。古人自称用字,称人用名。（　　）

三、号

知识精讲

号							
	适用	时间	用途	感情色彩	字数	数量	示例
谥号	帝王、诸侯、卿大夫、大臣等具有一定地位的人	死后	评判功绩	可褒可贬	不限	可有多个	秦穆公、赵孝成王
庙号	皇帝	死后	评判功绩	可褒可贬	一般两字	可有多个	太祖高宗
年号	皇帝	在世	纪年祈福	褒义	一般两字,四字、六字亦可	可有多个	康熙、雍正
尊号（徽号）	皇帝、皇后、皇太后	在世	尊崇	褒义	不限	可有多个	泰皇

（一）谥号

古人为了方便对某些人物盖棺定论,选择用谥号来进行概括。总的来说,古代历史上的皇帝、皇后以及诸侯、大臣等社会地位相对较高的人物,在其去世之后,朝廷或后人会依据其生前所作所为,给出一个具有评价意义的称号,这就是通常意义上的谥号。

谥号制度的形成，传统说法是始于西周早期。

1. 种类

谥号初起时，只有"美谥""平谥"，没有"恶谥"。恶谥源自西周共和行政以后，即周厉王因为暴政被谥为"厉"。谥号的选定根据谥法，谥法规定了一些具有固定含义的字，供确定谥号时选择。这些字大致分为下列几类：

（1）上谥，即表扬类的谥号。如："文"表示具有经天纬地的才能或道德博厚、勤学好问的品德。

（2）下谥，即批评类的谥号。如："炀"表示"好内远礼"，"厉"表示"暴慢无亲""杀戮无辜"，"荒"表示"好乐怠政""外内从乱"等。

（3）平谥，多为同情类的谥号。如："愍"表示"在国遭忧""在国逢难"，"怀"表示"慈仁短折"，"思"表示同情。

上述三类谥号，一般属于官谥，此外还有私谥。

私谥是有名望的学者、士大夫死后，由其亲戚、门生、故吏为之议定的谥号。

2. 等级

帝王与群臣之间有严格区别，帝王的谥号，在隋朝以前均为一字或二字，如西汉皇帝刘盈谥惠帝、刘恒谥文帝、刘启谥景帝，东汉皇帝刘秀谥光武帝等。但是从唐朝开始，皇帝的谥号字数逐渐增加，唐以后各代皇帝的谥号，一般都偏长，如清太祖努尔哈赤的谥号长达二十五个字。

命谥的用字，有特定的规范，不可随意用字，也不可对立谥之字任意解释。

3. 获谥

皇帝的谥号是在嗣位皇帝的参与下得到的，末代皇帝的谥号一般由下一王朝的帝王追赠，或者由遗民政权上谥，比如明崇祯帝的谥号。

大臣的谥号是朝廷赐予的，一般由礼部（礼官）主持，在皇帝同意的情况下赐谥。

(二) 庙号

庙号，指君主死后，在太庙里被供奉时特起的名号，与谥号最显著的区别是庙号只用于君主。

庙号和谥号的区别，举几个例子，大家就更加清晰了：

刘邦，谥号为高皇帝，庙号为太祖。

刘彻，谥号为孝武皇帝，庙号为世宗。

(三) 年号

年号是中国封建王朝用来纪年的一种名号，一般由君主发起。先秦至汉初无年号，汉武帝即位后首创年号，此后形成制度。历代帝王遇到"天降祥瑞"或内患外忧等大事、要事，一般都要更改年号。一个皇帝所用年号少则一个，多则十几个。

人们把改换年号叫作"改元"。一般改元从下诏的第二年算起，也有一些从本年年中算起。一个皇帝在位时，也可以多次改元。

(四) 尊号（徽号）

尊号（徽号）是尊崇帝后的称号，封建时代的皇帝、皇后、皇太后在世时使用的称号。皇帝的尊号不需避讳，上至王公贵族，下至平民百姓都可以叫，一般用于外交、礼仪、祭祀等。

尊号一般很长，因为大臣们会尽量把好的词语往皇帝身上加，尊号一般在皇帝在世之时便开始有群臣上请，并不断加长。皇后、皇太后也有类似的号，称为徽号，如慈禧的徽号就是"慈禧端佑康颐昭豫庄诚寿恭钦献崇熙圣母皇太后"。

模拟自测

（请仔细阅读下列选项，勾选出不正确的选项）

1. 号，即个人的别称，都由自己取定，与名字相关，以表达个人的情怀。
（   ）

2. 僭号，冒用帝王的称号或者超越自己本来地位的称号。（   ）

3. 僭尊号，即继承皇帝封号。（   ）

4. 古人除有名字外，又多取号以代替名字，一般有自号和赠号，一人一生只能一号。（   ）

5. 谥指谥号，是古代帝王、大臣等死后，朝廷为了褒扬他们而给予的称号。
（   ）

6. 称某皇帝为景帝，这是用谥号来指称帝王，除此之外还可以用庙号、年号、封号等来指称。（   ）

7. 谥号是古代历史上的皇帝、皇后以及诸侯、大臣等社会地位相对较高的人物，在去世之后被朝廷依据其生前所作所为加给的带有褒贬意义的称号。
（   ）

8. 文正是古代文臣最尊荣的谥号，只有兼具文韬武略的人才能获得，如范仲淹。（   ）

9. 孝文皇帝是汉高祖刘邦第四子、汉惠帝刘盈之弟、汉代第三任皇帝刘恒的庙号。（   ）

10. 谥号是古人对去世的地位高的人给予的或褒或贬的称号，"文懿"是褒扬的谥号。（   ）

11. 明宗是皇帝谥号。（   ）

12. 夺谥指把已给予死者的谥号削去。古代的谥号有的与死者生前的行为不相称，常有溢美或加恶之词，甚至颠倒是非，因此会出现改谥和夺谥的情况。
（   ）

13. 古代帝王世系中，一般称开国皇帝为"祖"，第一个治理国家有功的皇帝

为"宗"。 （ ）

14. "绍兴"是宋高宗的年号，取"绍祚中兴"之义。年号是古代常用的纪年方式，如《张衡传》中的永元、阳嘉等都是年号。 （ ）

15. 元年指帝王或诸侯即位的第一年或帝王改元的第一年，改元特指皇帝即位的第一年。 （ ）

16. 尊号是为皇帝加的全由尊崇褒美之词组成的特殊称号。从唐代开始，为了神化皇权，皇帝在世之时便开始有群臣上请。 （ ）

第四节　谦称敬称

 知识精讲

一、敬称

敬称用来表示尊敬客气的态度，也叫尊称。

（一）对谈话对象

对谈话对象							
称对方			称对方亲属				
对方称呼	对方意思	对方嘱咐	对方父母	对方妻子	对方儿女	对方兄弟	对方亲戚
尊驾、仁兄、仁公、贤家	尊意	尊命	1. 父母：尊上 2. 母亲：令堂、尊堂 3. 父亲：令尊、尊公、尊君、尊府	令阃	1. 儿子：令郎、贤郎 2. 女儿：令爱	1. 对方哥哥：令兄 2. 对方弟弟：贤弟	尊亲

对于对方或对方亲属的敬称有令、尊、贤等。

1.令，意思是美好，用于称呼对方的亲属，如令尊（对方父亲）、令堂（对方母亲）、令阃（对方妻子）、令兄（对方哥哥）、令郎（对方儿子）、令爱（对方女儿）。

2.尊，用来称与对方有关的人或物。如尊上（称对方父母），尊公、尊君、尊府（皆称对方父亲），尊堂（对方母亲），尊亲（对方亲戚），尊驾（称对方），尊命（对方的嘱咐），尊意（对方的意思）。

3.贤，用于称平辈或晚辈，如贤家（称对方）、贤郎（称对方的儿子）、贤弟（称对方的弟弟）。

4.仁，表示爱重，应用范围较广，如称同辈友人中长于自己的人为仁兄，称地位高的人为仁公等。

（二）对不同身份

对不同身份									
皇太子、亲王	君对臣子	有一定地位的人	对朋友或尊敬的人	对亲属		对已去世的人			对品德高尚、智慧超群的人
殿下	爱卿、麾下、左右、节下、执事	阁下	君子、公、足下、夫子、先生、大人	对妻父	对妻母	去世的君王	去世的父亲	去世的母亲	圣（多用于帝王）
				丈、丈人、泰山	丈母、泰水	先帝	先考、先父	先慈、先妣	先贤

1. 古代对帝王的称呼都是敬称，如万岁、圣上、圣驾、天子、陛下等。

2. 对皇太子、亲王的敬称是殿下。

3. 对臣子的称呼

（1）爱卿：对臣子的爱称。

（2）麾下：对将军的敬称。

（3）左右：对左右的侍臣。

（4）节下：对拥有假节、持节、使持节等名义的将领的敬称。

（5）执事：办事的官吏。

4. 对有一定地位的人的敬称

对三公、郡守等有一定社会地位的人称阁下，现在多用于外交场合，如大使阁下。

5. 对尊长者和用于朋辈之间的敬称

君、子、公、足下、夫子、先生、大人等。

6. 对亲属

称年老的人为丈、丈人，唐朝以后，丈、丈人专指妻父，又称泰山，称妻母为丈母或泰水。

7. 对已去世的人

称谓前面加"先"，表示已去世，用于敬称地位高的人或年长的人，如：称已去世的皇帝为先帝，称已去世的父亲为先考或先父，称已去世的母亲为先慈或先妣，称已去世的有才德的人为先贤。

称谓前加"太"或"大"表示再长一辈，如称帝王的母亲为太后，称祖父为大（太）父，称祖母为大（太）母。

8. 对品格高尚、智慧超群的人

用"圣"来表敬称，如称孟子为亚圣。后来，"圣"多用于帝王，如圣上、圣驾等。

二、谦称

<table>
<tr><td colspan="9" align="center">谦称</td></tr>
<tr><td colspan="3" align="center">普通人</td><td colspan="6" align="center">特殊身份人物</td></tr>
<tr><td>自称</td><td colspan="2">称自己亲属</td><td>读书人</td><td>官吏</td><td>老人</td><td>女子</td><td>和尚</td><td>对外称国君</td></tr>
<tr><td rowspan="2">愚、鄙、敝、卑、窃、臣、仆、下、小</td><td>辈分高</td><td>同辈年少、辈分低</td><td rowspan="2">小生、晚生、晚学、不才、不佞、不肖</td><td rowspan="2">下官、末官、小吏</td><td rowspan="2">老朽、老夫、老汉、老拙</td><td rowspan="2">妾</td><td rowspan="2">老衲、贫僧</td><td rowspan="2">寡君</td></tr>
<tr><td>家</td><td>舍</td></tr>
</table>

（一）表示谦逊的态度，用于自称。

1. 愚，谦称自己不聪明。

2. 鄙，谦称自己学识浅薄。

3. 敝，谦称自己或自己的事物不好。

4. 卑，谦称自己身份低微。

5. 窃，有私下、私自之意，有冒失、唐突的含义在内。

6. 臣，谦称自己不如对方的身份地位高。

7. 仆，谦称自己是对方的仆人，含有为对方效劳之意。

8. 下，因为古人排列坐席时尊长者在上，所以晚辈或地位低的人谦称在下。

9. 小，有一定身份的人的自谦，意思是自己很平常、不足挂齿；小子是子弟晚辈对父兄尊长的自称。

（二）古人称自己一方的亲属朋友时，常用"家""舍"等谦词。

1. 家，对别人称自己的辈分高或年纪大的亲属时用的谦词，如家父、家母、家兄等。

2. 舍，用以谦称自己的家或自己的卑幼亲属，前者如寒舍、敝舍，后者如舍弟、舍妹、舍侄等。

（三）古代官吏的自谦词有下官、末官、小吏等。

（四）读书人的自谦词有小生、晚生、晚学等，表示自己是新学后辈；如果自谦为不才、不佞、不肖，则表示自己没有才能或才能平庸。

（五）其他自谦词有：

1. 老人自谦时用老朽、老夫、老汉、老拙等。

2. 女子自称妾。

3. 和尚自称老衲或贫僧。

4. 对别国君臣谦称自己的国君为寡君。

三、贱称

（一）竖子：对人的蔑称，骂人的话，相当于"小子"。

（二）小子：贱称，含有轻蔑的意味。

（三）鲰（zōu）生：浅陋无知的小人。

（四）小人：泛指地位低下、见识浅薄的人；又专指喜欢搬弄是非、挑拨离间、隔岸观火、落井下石的人。

直通真题

（请仔细阅读下列选项，勾选出不正确的选项）

「2022新高考Ⅱ卷」C. 尊重，在古诗文中有尊贵显要的意思，现在一般表示敬重、重视，二者的意思不同。　　　　　　　　　　　　　　（　　）

模拟自测

（请仔细阅读下列选项，勾选出不正确的选项）

1. 荆人，古人对他人称自己的妻子，亦称山荆；拙荆，则是对他人妻子的泛称。
　　　　　　　　　　　　　　　　　　　　　　　　　　　　　（　　）

2. "仁公"是对有位者的尊称。类似的称谓有"明公""阁下""足下"等。
（　）

3. 足下，古代常用于下对上或同辈相称的敬辞，如"再拜奉大将军足下"。
（　）

4. 父，在古代既是对老年男子的尊称，也是对有才德的男子的美称，多附缀于表字后面，如"余弟安国平父，安上纯父"。（　）

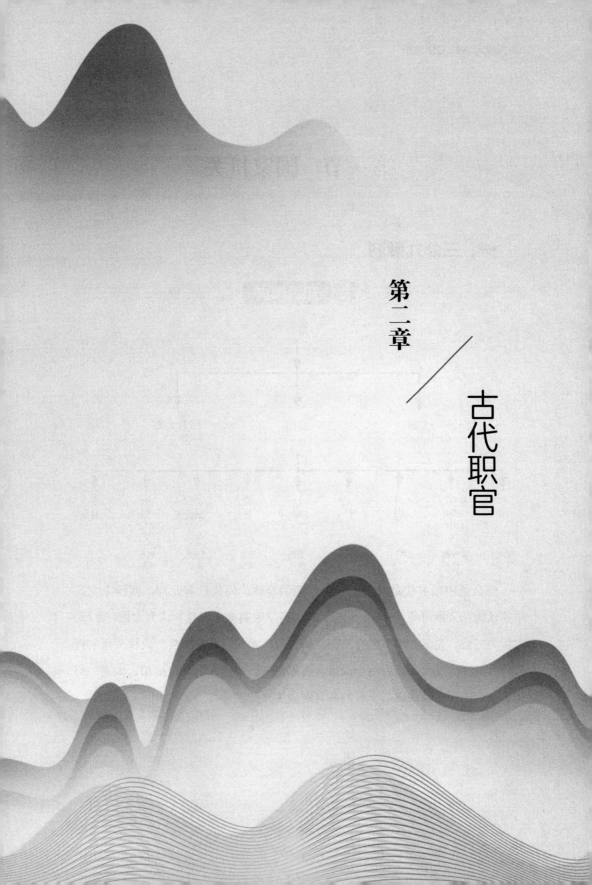

第二章 古代职官

第一节　国家机关

一、三公九卿制

知识精讲

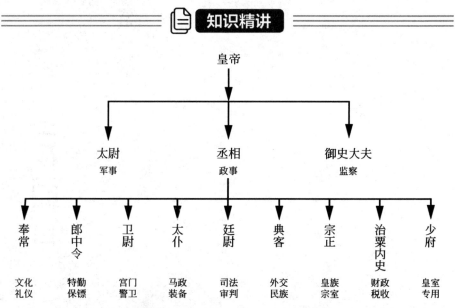

三公是中国古代最尊显的三个官职的合称。周代已有此词，西汉今文经学家认为三公指司马、司徒、司空，古文经学家则据《周礼》认为太傅、太师、太保为三公。先秦文献中已有三公九卿之说，秦朝时期的中央行政机关便实行三公九卿制。汉武帝以后由于儒家复古思想的影响，人们就以丞相、太尉、御史大夫为三公，以秩比二千石的高官附会为九卿。

三公九卿制											
三公			九卿								
丞相	太尉	御史大夫	奉常	郎中令	卫尉	太仆	廷尉	典客	宗正	治粟内史	少府
政府最高行政长官	最高军政长官	管理图籍奏章、监察文武百官	掌管宗庙礼仪、地位很高、九卿之首	掌管宫殿警卫	掌管宫门警卫	掌管宫廷御马和国家马政	掌管司法审判	掌管外交民族事务	掌管皇族、宗室事务	掌管租税、钱谷、财政收支	掌管专供皇室需用的山海池泽之税及官府手工业

（一）三公

1. 丞相，最高行政长官，掌十三曹，下辖九卿。

2. 太尉，最高军政长官，负责管理全国军事事务，掌握军权，战时听从皇帝的命令，可凭皇帝的符节调动军队。

3. 御史大夫，地位相当于副丞相，地位低于丞相和太尉，丞相和太尉品秩为一万石，御史大夫品秩为二千石。主要职责是管理图籍、奏章，监察文武百官。

（二）九卿

九卿是指古时中央政府的多个高级官员，指官位很高的人。秦汉时期的卿，不一定是九个人，九卿言其官职完备。

1. 奉常，掌管宗庙礼仪，地位很高，属九卿之首。

2. 郎中令，掌管宫殿警卫。

3. 卫尉，掌管宫门警卫。

4. 太仆，掌管宫廷御马和国家马政。

5. 廷尉，掌管司法审判。

6. 典客，掌管外交和民族事务。

7. 宗正，掌管皇族、宗室事务。

8. 治粟内史，掌管租税钱谷和财政收支。

9. 少府，掌管专供皇室需用的山海池泽之税及官府手工业。

模拟自测

（请仔细阅读下列选项，勾选出不正确的选项）

1. 宋代为了加强对内控制，将财政大权从宰相手中分割出来而设置了"度支、户部、盐铁"三司，长官是三司使。（　　）

2. 郎中和左丞是两种官职，属中央部门，郎中的官阶远远高于左丞，分掌各司事务，其职位仅次于尚书、侍郎。（　　）

3. 先秦时期，御史是负责记录的史官、秘书官。自秦朝开始，御史作为专门监察性质的官员，负责监察朝廷、诸侯官吏。（　　）

4. 廷尉，古代官名，秦置，为九卿之一，掌刑狱的官吏。（　　）

5. 太傅指两种官职，既指古代"三公"之一，又指"东宫三师"之一，后来成为一种荣誉性称号。（　　）

6. 廷尉：官名，掌军事，秦汉至北齐时期主管军事的最高官吏。（　　）

7. 廷尉，官名，秦置，九卿之一，秦汉至北齐主管司法的最高官吏，职掌刑狱。根据诏令，可以逮捕、囚禁和审判有罪的王或大臣。（　　）

8. 太仆是秦汉时主管皇帝车辆、马匹之官，后专管官府畜牧事务。太仆总管皇帝车驾，和皇帝关系密切，是皇帝的亲近之臣。（　　）

9. 三公，秦朝最尊显的官职，秦以后多为虚职。一说为丞相、太尉、御史大夫，一说为司徒、司马、司空，另一说为太师、太傅、太保。（　　）

10. 公卿，"三公九卿"的简称，夏朝始设，周代沿袭。"公"即是周代封爵之首，"卿"是古时高级长官或爵位的称谓。"三公"即是最尊贵的三个官职的合称。周之"三公"指少师、少傅、少保，也有说为司马、司空、司徒。

（　　）

二、三省六部制

知识精讲

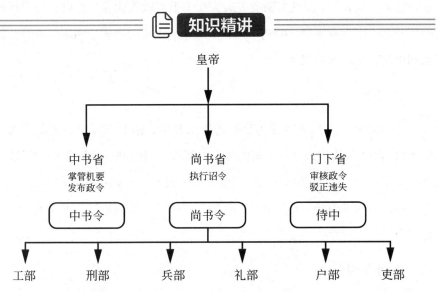

三省六部制是中国古代封建社会一套组织严密的中央官制。它确立于隋朝，沿袭至清末。三省中的尚书省形成于东汉（时称尚书台）；中书省和门下省形成于三国时期，目的在于分割和限制尚书省的权力。在其发展过程中，组织形式和权力分布各有演变，至隋，才整齐划一为三省六部，主要掌管中央政令和政策的制定、审核与贯彻执行。不同时期的统治者做过一些有利于加强中央集权的调整和补充。

（一）三省

隋文帝在中央设立三师、三公、五省（尚书、门下、内史、秘书和内侍）。三师、三公只是一种荣誉虚衔。五省之中，只有尚书、门下、内史三省才是真正的中枢权力机构（秘书省掌图书典籍，职权较轻；内侍省掌侍奉宫掖，委以宦官）。三省各有明确分工。

1. 中书省

古代官署名，魏曹丕始设，掌管机要、发布政令的机构。沿至隋唐，成为全国政务中枢。隋代称其为内史省。中书省掌握行政大权，与掌管军事大权

45

的枢密院，合称"二府"。元代以中书省总领百官，与枢密院、御史台分掌政、军、监察三权；门下、尚书两省皆废，故中书省较前代尤为重要，地方行政的一部分亦由中书省掌握。明初沿用，洪武十三年废中书省，明永乐帝时，机要始归内阁，负责起草诏令。

2. 门下省

古代官署名。门下省原为皇帝的侍从机构，南北朝时权力逐渐扩大，北朝政出门下，成为中央政权机构的重心。隋唐时与中书省同掌机要、共议国政，并负责审查诏令、签署章奏，有封驳之权。其长官称侍中，或称纳言、左相、黄门监，皆因时而异。其下有黄门侍郎、给事中、散骑常侍、谏议大夫、起居郎等官。

3. 尚书省

古代官署名。南朝宋得名，前身为尚书台。由汉代皇帝的秘书机关尚书发展而来，是魏晋至宋的中央最高政令机构，为中央政府最高权力机构之一。尚书省的组织机构于隋朝定型。六部尚书都以所在"部"为名，而郎官以所在"司"为名。负责执行诏令。

三省的长官中书令、侍中、尚书令相当于秦汉时期的宰相。

	六部					
	吏部	户部	礼部	兵部	刑部	工部
职能	全国文官的任免、考课、升降、调动等事务	户籍财经	全国学校事务、科举考试、藩属、外国之往来事	选用武官、兵籍、军械、军令等	法律刑狱	营造工程事项
最高长官	长官：尚书 副职：侍郎					
下设官职（由上到下官职渐低）	郎中 员外郎 主事					

（二）六部

1. 吏部

吏部掌管天下文官的任免、考课、升降、调动等事务。下设四司：吏部司、司封司、司勋司和考功司（各朝名称有变动）。司的长官为郎中，副长官为员外郎，其属官有主事、令史、书令史等。

2. 户部

户部为掌管户籍财经的机关，六部之一，长官为户部尚书，曾称地官、大司徒、计相、大司农等。明清时期户部掌全国疆土、田地、户籍、赋税、俸饷及一切财政事宜。其内部办理政务按地区分工而设司。各司除掌核本省钱粮外，亦兼管其他衙门的部分庶务，职责多有交叉。

3. 礼部

南北朝时的北周始设，六部之一，长官为礼部尚书。考吉、嘉、军、宾、凶五礼之用；管理全国学校事务及科举考试、藩属和外国之往来事。礼部下设四司，分掌各项职权。

4. 兵部

隋始置，六部之一，掌管武官选用及兵籍、军械、军令等职权。源于三国魏的五兵制，隋始合为兵部，以尚书为主官，侍郎为次官，历代沿袭，职权不尽相同。

5. 刑部

隋文帝定六部制度，初沿北齐置都官，开皇三年改称刑部，主官为尚书；次官，隋炀帝定为侍郎。后代均以刑部掌法律刑狱，与最高法院性质的大理寺并列。明清两代，刑部作为主管全国刑罚政令及审核刑名的机构，与都察院、大理寺，共为"三法司制"。

6. 工部

工部为掌管营造工程事项的官署，六部之一，长官为工部尚书，曾称冬官、大司空等。工部起源于周代官制中的冬官，汉成帝置尚书五人，其三曰民曹。隋代开皇二年始设工部，掌管工程、工匠、屯田、水利事宜。

直通真题

（请仔细阅读下列选项，勾选出不正确的选项）

「2016 新课标Ⅲ卷」A. 礼部为六部之一，掌管礼仪、祭祀、土地、户籍等职事，部长官称为礼部尚书。（　　）

模拟自测

（请仔细阅读下列选项，勾选出不正确的选项）

1. 礼部，六部之一，掌管国家的典章制度、祭祀、学校、科举等事。（　　）

2. 吏部，六部之一，掌管全国文职官吏的任免、考核、升降、调动等事。（　　）

3. 刑部，六部之一，掌管全国法律、刑狱、典章制度等。（　　）

4. 工部，六部之一，掌管全国工程、交通、水利和土地等。（　　）

5. 户部，六部之一，掌管全国土地户籍、军需赋税、财政俸禄，长官为尚书，副职为郎中。（　　）

6. 刑部，六部之一，司法部门，掌管全国的财经、刑罚、律令。（　　）

7. 礼部，中国古代官署之一，管理国家的典章制度、赋税、祭祀、学校、科举和接待四方宾客等事务。与吏部、户部、兵部、刑部、工部合称"六部"。（　　）

8. 礼部，古代官署，主管礼乐、祭祀、户籍、科举和接待外宾等事务。

9. 水部属于六部之一，掌航政及水利。　　　　　　　　　　　　(　　)

10. 户部，中国古代官署，为掌管户籍财经的机关，六部之一，长官为户部尚书，曾称地官、大司徒、计相、大司农等。　　　　　　　　　(　　)

11. 兵部，六部之一，掌管武官选用及兵籍、兵械、军令及司法刑狱等事，以尚书为主官、侍郎为次官。　　　　　　　　　　　　　　　(　　)

12. 民部，官署名，后在唐代因避讳而改名为户部，是掌管户籍财经的机关，六部之一。　　　　　　　　　　　　　　　　　　　　　　　(　　)

13. 御史台是元代的中央监察机构，也是中央司法机关之一，负责纠察、弹劾官员，肃正纲纪。　　　　　　　　　　　　　　　　　　　(　　)

第二节　古代官职

知识精讲

我国古代官员的品级分"九品十八级"，每品有正、从之别，不在十八级以内的叫作未入流，在级别上附于从九品。

一、文官

（一）中央官职

1. 爵位

即爵、爵号，是古代皇帝对贵戚功臣的封赐。旧说周代有公、侯、伯、子、男五种爵位，后代爵称和爵位制度往往因时而异。

2. 宰相（丞相）

封建时代对君主负责的最高行政官员的通称，宰是主持、相是辅助的意思。历代都另有正式的官名，其职权大小以及行使权力的方式都有所不同。由于君主集权的加重，宰相的权力也随之而减轻，这其中最为典型的是明朝。明代为了防止权臣篡位，废除丞相而以内阁大学士协助皇帝处理政务，后来内阁首辅成为事实上的宰相。

3. 学士

古代学士不是指学位而是一个地地道道的官名。魏晋时征文学之士，主管典礼、编纂、撰述等事务，通称学士。因所属机关不同，职权各异。有主管撰述的，有专为皇帝侍讲、侍读的，还有草拟奏令、参与机密的。明、清两代的殿阁学士实际上掌握宰相的职权，是历代地位最高的学士了。

4. 博士

博士同样是官名。西汉时属太常，称太常博士，汉武帝建元五年设五经博士，晋代设国子博士，唐代有太学国子诸博士和律学博士、算学博士等，都为教授官，与职掌礼仪的太常博士不同。明清两代有国子博士、太常博士，而以五经博士为孔孟及儒家诸族的世袭官，博士中不乏著名的文学家和学者，如唐代的韩愈就是货真价实的国子博士。

5. 太医

封建社会专为帝王和宫廷官员等上层统治阶级服务的医生。秦汉两代设有太医令丞。汉代初期属太常寺，后来改属少府。魏晋南北朝时相沿设置。隋代设置太医署，宋代改称太医局，元代又改为太医院，明清两代不变，其职责没有大的变化。

6. 太师

指两种官职：一指"三公"中的太师，多为大官加衔，表示恩宠而无实职，如宋代赵普、文彦博等曾被加太师衔；二指"东宫三师"中的太师，太师是太子太师的简称，后来也逐渐成为虚衔。

7. 太傅

参见"太师"条。古代"三公"之一，又指"东宫三师"之一，如贾谊曾先后任皇子长沙王、梁怀王的老师，故被封为太傅，后逐渐成为虚衔，如曾国藩、曾国荃、左宗棠、李鸿章死后都被追赠太傅。

8. 太保

古代官职名，清代为正一品。西周始置，乃监护与辅弼国君之官。春秋后废，在汉代又重新设立，位次太傅，世代延续，位列"三公"，多为大官之加衔，并无实职，也为辅导太子之官。

9. 少保

指两种官职：其一，古代称少师、少傅、少保为"三孤"，后逐渐成为虚衔，如《梅花岭记》中"文少保亦以悟大光明法蝉脱"，文天祥曾任少保官职，故称；其二，古代称太子少师、太子少傅、太子少保为"东宫三少"，后也逐渐成为虚衔。

10. 少师

参见"少保"条。

11. 少傅

参见"少保"条。

12. 尚书

最初是掌管文书奏章的官员。隋代始设六部，唐代确定六部为吏、户、礼、兵、刑、工，各部以尚书、侍郎为正副长官。

13. 上卿

周代官制，天子及诸侯皆有卿，分上中下三等，最尊贵者谓"上卿"。

14. 参知政事

唐宋时期最高政务长官之一,与同平章事、枢密使、枢密副使合称"宰执"。宋代范仲淹、欧阳修、王安石都曾任此职。

15. 军机大臣

军机处是清代辅佐皇帝的政务机构。任职者无定员,一般由亲王、大学士、尚书、侍郎或京堂兼任,称为军机大臣。军机大臣少则三四人,多则六七人,被称为"枢臣"。

16. 御史

本为史官,秦以后置御史大夫,职位仅次于丞相,主管弹劾、纠察官员过失诸事。

17. 枢密使

枢密院的长官。唐时由宦官担任,宋以后改由大臣担任,枢密院是管理军国要政的最高国务机构之一,枢密使的权力与宰相相当,清代军机大臣往往被尊称为"枢密"。宋代的欧阳修曾任枢密副使。

18. 左徒

战国时楚国的官名,与后世左右拾遗相当。主要职责是规谏国君、举荐人才。

19. 太史

西周、春秋时为地位很高的朝廷大臣,掌管起草文书、策命诸侯卿大夫、记载史事,兼管典籍、历法、祭祀等事。秦汉以后设太史令,其职掌范围渐小,其地位渐低。司马迁做过太史令。

20. 长史

秦时为丞相属官,如李斯曾任长史,相当于丞相的秘书长。两汉以后成为将军属官，是幕僚之长。

21. 侍郎

初为宫廷近侍，东汉以后成为尚书的属官。唐代始以侍郎为三省（中书、门下、尚书）各部长官（尚书）的副职。韩愈曾先后任过刑部、兵部、吏部的侍郎。

22. 侍中

原为正规官职外的加官之一，因侍从皇帝左右，地位渐高，等级超过侍郎。魏晋以后，往往成为事实上的宰相。《出师表》中提到的郭攸之、费祎即是侍中。

23. 令尹

战国时楚国执掌军政大权的长官，相当于丞相，明清时指县长。

24. 从事

中央或地方长官自己任用的僚属，又称"从事员"。《赤壁之战》："品其名位，犹不失下曹从事。"

25. 中贵人

指受宠显贵的近臣或宦官，宦官是中国古代侍奉君王及其家属的内侍。

26. 郡王

古代爵位等级，从西晋开始出现。唐宋以后，郡王是比亲王低一等的爵号，多封给宗室，也有臣下得封郡王。唐代以后，郡王通常是亲王无法继承爵位的其他儿子的封号，继承爵位的嫡子封为世子，别的儿子封为郡王。

27. 总督

通常指一个国家的某片相对自主的区域中实际或名义上的最高行政长官。许多国家都有或曾经设有总督职位。清朝时将统辖一省或数省行政、经济及军事的长官称为"总督"，尊称为"督宪""制台""制军"等，官阶为正二品，但可通过兼兵部尚书衔高配至从一品。与只掌握一省行政事务的巡抚不同，总督兼管数省，同时在政务之外也兼掌军务与经济。

（二）地方官职

1. 刺史

原为巡察官名，东汉以后成为州郡最高军政长官，有时称为太守。唐代白居易曾任杭州、苏州刺史，柳宗元曾任柳州刺史。

2. 太守

参见"刺史"条。又称"郡守"，州郡最高行政长官。

3. 巡抚

明初指京官巡察地方。清代正式成为省级地方长官，地位略次于总督，别称"抚院""抚台""抚军"。《五人墓碑记》"是时以大中丞抚吴者为魏之私人"中的"抚吴"，即担任吴地的巡抚。

4. 知府

即太守，又称知州。

5. 县令

一县的行政长官，又称"知县"。《孔雀东南飞》："还家十余日，县令遣媒来。"

6. 里正

古代的乡官，即一里之长。《促织》："令以责之里正。"

7. 里胥

管理乡里事务的公差。《促织》："里胥猾黠，假此科敛丁口。"

8. 亭长

战国时始在邻接他国处设亭，置亭长，任防御之责。秦汉时在乡村每十里设一亭，置亭长。

二、武官

（一）中央武官

1. 大将军

先秦、西汉时是将军的最高称号。如汉高祖以韩信为大将军，汉武帝以卫青为大将军。魏晋以后渐成虚衔而无实职。明清两代于战争时才设大将军官职，战后即废除。

2. 都尉

职位次于将军的武官。《陈涉世家》："陈涉自立为将军，吴广为都尉。"《鸿门宴》："沛公已出，项王使都尉陈平召沛公。"

3. 司马

各个朝代所指官职不尽相同。战国时为掌管军政、军赋的副官，隋唐时是州郡太守（刺史）的属官。

4. 校尉

两汉时期次于将军的官职，唐以后地位渐低。

5. 将军

我国古代的将军，既是高级武官的职位，也用于高级军政官员的称谓，又是军政官员的名誉职衔，甚至作为爵号使用等。

6. 提督

全称为提督军务总兵官，为武职官名，负责统辖一省陆路或水路官兵。

提督通常为清朝各省绿营最高主管官，官阶从一品，称得上封疆大吏。若以职能分，提督分为陆路提督与水师提督，掌管区域达一至两省，数万平方公里，甚至数十万平方公里。

7. 太尉

元代以前的官职名称，辅佐皇帝的最高武官，汉代称大司马。宋代定为最高一级武官。《林教头风雪山神庙》："我因恶了高太尉，生事陷害，受了一场官司。"高太尉指高俅。

8. 郎中

战国时为宫廷侍卫，自唐至清成为尚书、侍郎以下的高级官员，分掌各司事务。《荆轲刺秦王》："诸郎中执兵，皆陈殿下。"此处"郎中"指宫廷侍卫。《张衡传》："公车特征拜郎中。"此处"郎中"是管理车骑门户的官名。

（二）地方武官

1. 节度使

唐代总揽数州军政事务的官员，原只设在边境诸州，后内地也遍设，造成割据局面，史称"藩镇"。

2. 经略使

简称"经略"，唐宋时期为边防军事长官，与都督并置，如范仲淹曾任陕西经略副使。明清两代有重要军事任务时特设经略，官位高于总督。

3. 都督

参见"经略使"条。军事长官或领兵将帅的官名，某些朝代的地方最高长官亦称都督，相当于节度使或州郡刺史。

4. 教头

宋代军中教练武艺的军官，《水浒传》中的林冲就是京城八十万禁军的枪棒教头。

5. **提辖**

宋代州郡武官的官名，主管训练军队、督捕盗贼等事务，如《水浒传》中的鲁提辖鲁智深。

直通真题

（请仔细阅读下列选项，勾选出不正确的选项）

「2020 新课标Ⅰ卷」A. 主司既可指主管某项事务的官员，又可指科举的主试官。　　　　　　　　　　　　　　　　　　　　　　　　　　（　　）

「2020 新课标Ⅰ卷」C. 司农是官名，又称为大司农，主要掌管农桑、仓储、租税等相关事务。　　　　　　　　　　　　　　　　　　　　　　（　　）

「2020 新课标Ⅰ卷」D. 当轴，指处在重要的位置，当轴者则指身居显赫职位的当权官员。　　　　　　　　　　　　　　　　　　　　　　　（　　）

「2020 新课标Ⅲ卷」A. 太守是郡一级的最高行政长官，主要掌管民政、司法、军事、科举等事务。　　　　　　　　　　　　　　　　　　　　（　　）

「2020 新高考Ⅱ卷」B. 宦官也称太监，是古代宫中侍奉皇帝及其家属的人员，由阉割后的男子充任。　　　　　　　　　　　　　　　　　　　（　　）

「2020 新高考Ⅱ卷」D. 执政指掌管国家政事，又指执掌国家大权的重臣，还可作为高级官员的通称。　　　　　　　　　　　　　　　　　　（　　）

「2019 新课标Ⅲ卷」D. 令尹，春秋战国时期楚国设置的最高官位，辅佐楚国国君，执掌全国的军政大权。　　　　　　　　　　　　　　　　（　　）

「2018 新课标Ⅲ卷」C. 前尹在文中指开封府前任府尹，"尹"为官名，如令尹、京兆尹，是知府的简称。　　　　　　　　　　　　　　　　　（　　）

「2017 新课标Ⅲ卷」C. 近侍是指接近并随侍帝王左右的人，他们不仅职位很高，对帝王影响也很大。　　　　　　　　　　　　　　　　　　（　　）

「2016新课标Ⅰ卷」A.首相指宰相中居于首位的人，与当今某些国家内阁或政府首脑的含义并不相同。（　　）

「2016新课标Ⅰ卷」C.古代朝廷中分职设官，各有专司，所以可用"有司"来指称朝廷中的各级官员。（　　）

「2016新课标Ⅲ卷」B.教坊司是管理宫廷音乐的官署，专管雅乐以外的音乐、歌舞等的教习演出事务。（　　）

模拟自测

（请仔细阅读下列选项，勾选出不正确的选项）

1. 刺史，古代官名。"刺"，检核问事之意。汉武帝时始置，意在监察地方。（　　）

2. 秘书，古代掌管图书之官，如汉以来之秘书监、秘书郎，三国魏之秘书令、秘书丞。（　　）

3. 郡王，中国古代爵位名。唐宋以后，郡王皆为次于亲王一等的爵号，除皇室外，臣下不得封郡王。（　　）

4. 节度使是宋代开始设立的地方军政长官。节是一种全权印信，受有此印信者，可全权调度。（　　）

5. 大理卿，亦称大理寺卿，是掌握礼乐、郊庙、社稷之事的最高行政长官。秦时称为廷尉，汉时改名大理，北齐则易名为大理寺卿。（　　）

6. 公车，汉代官署名，设公车令，掌管宫殿、司马门警卫，天下上书言事及征召等事宜，经由此处受理，后用来借指应试的举子。（　　）

7. 有司，指主管某部门的官吏，可泛指官吏，这是由于古代设官分职，各有专司。（　　）

8. 尚书，原是宫廷里掌管文书奏章的官员。汉以后地位渐高，唐代起是各部的最高长官。（　　）

9. 参知政事，唐宋时期最高政务长官之一，与同平章事、枢密使、枢密副使

合称"宰执"。( )

10. 转运使,在宋代掌一路或数路军需粮饷,后兼军事、刑名、巡视地方之职,权力职责甚重。( )

11. 太守,一郡的行政长官。晋朝实行州郡县制,州长官叫刺史,县长官叫县长。( )

12. 判官与推官,均为州郡长官的属官,前者掌管文书工作,后者掌管刑事。( )

13. 漕司,即漕运司,是宋代管理催征税赋、办理漕运等事务的官署或官员。( )

14. "博士"的称谓最早在战国时就作为官名出现了,它在不同的朝代中职责有所变化,后也指专精某一行业的人。( )

15. 使持节:魏晋南北朝时,掌地方军政的官员往往加此称号,给以诛杀中级以下官吏之权。( )

16. 公,古代爵位名,封建五等爵位的第一等。这五等爵位依次为:公、侯、伯、子、男。( )

17. 刺,有检核问事的意思。刺史,官职名,刺史制度是中国古代重要的地方监察制度。( )

18. 通判,官名,在知府之下,掌管粮运、家田、统兵作战等事宜,对州府的长官有监察的责任。( )

19. 纳言,古代官职名,职责是宣达帝命。史书记载:"纳言,喉舌之官,听下言纳于上,受上言宣于下,必以信。"( )

20. 锦衣,即锦衣卫,是明代直属于皇帝的专有军政搜集情报机构,清代取消。( )

21. 侍郎,古代官名。自唐朝以后,中书省、门下省及尚书省所属各部均以侍郎为最高长官之副官,地位渐高。( )

22. 中官,即宦官,通称太监,是古代被阉割后再在宫廷内侍奉皇帝及其家族成员的男性官员,宦官本为内廷官,不能干预朝政,但历史上也有宦官专

权的事实。( )

23. 枢臣，"枢"指门上的转轴，引申为重要的起决定性作用的部分。枢臣即宰辅重臣。( )

24. 秩，指古代官吏的俸禄，也指官吏的官阶、品级，"削三秩"指被贬官三级。
( )

25. 大夫，古代官阶。先秦诸侯国中，国君之下设卿、大夫、士三级。大夫世袭，有封地。( )

26. 太学，古代设在京城的最高学府，"少游太学"指年轻时在太学游学。
( )

27. 幕府，本指将帅在外的营帐，后亦泛指军政大吏的府署。仕幕府，指在文武官署中担任一定官职，做军政大吏的佐助人员。( )

28. 台阁，在汉代指尚书台，后来泛指中央政府机构。《孔雀东南飞》中有"仕宦于台阁"，即指在官府里任职。( )

29. 经筵，指汉唐以来帝王为讲经论史而特别设置的御前讲席，讲官以翰林学士或其他官员充任或兼任。( )

30. 监军为临时派遣，在军队中负责对功罪赏罚进行稽查和审核，有时也由宦官充任。( )

31. 学士，最早指在学校读书的人，后来指官学教师或主管学务、礼仪、祭祀的官员。( )

32. 光禄大夫，汉武帝时置，掌顾问应对，皆为加官及褒赠之官，加金章紫绶者，称金紫光禄大夫；加银章青绶者，称银青光禄大夫。唐宋以后用作散官文阶之号。( )

33. 左徒是楚国特有的官名，因屈原曾经担任此职，后人用它来借指屈原。
( )

34. 令尹，春秋战国时楚国的最高官衔，执掌一国国柄，总揽军政大权于一身。
( )

35. 巡抚，明清时官职，以"巡行天下，抚军安民"而名，主管一省军政、

民政。( )

36. 太守，原称郡守，汉景帝时更名为太守，为一郡的最高行政长官，除治民、进贤、决讼、检奸外，还可自行任免所属掾吏。( )

37. 侍郎是古代官名，隋唐以后，中书、门下及尚书省所属各部皆以侍郎为首。( )

38. 内史，东晋时职责相当于郡太守，如会稽内史；南朝的宋、齐、梁、陈承袭晋制。( )

39. 馆客，又称门客或食客，指寄食于王公贵族门下并为其服务的人。( )

40. 黄门，官职名，汉朝设有黄门令、小黄门、中黄门等，侍奉皇帝及其家族成员，皆以宦官来充任此职，故后世亦称宦官为黄门。( )

41. 参知政事，唐初开始出现参知政事职衔，宋代曾成为常设官职，职权、礼遇接近宰相。( )

42. 赐绯，赐给绯色官服。指官员官品不及而皇帝推恩特赐准许服绯，以示恩宠。( )

43. 禁军是封建时代直属于帝王，担任护卫帝王或皇宫、首都警备任务的军队。( )

44. 士大夫是古代中国对于具有一定声望、地位的知识分子的统称，他们一般不关注时事，远离政治。( )

45. 主簿，古代官名，汉代以后指中央机关及地方郡县负责文书簿籍，主管印鉴的官吏。( )

46. 伪官，指不是由正统的朝廷或官府授予官职，而是由叛军任命的官员。( )

47. 总督是清朝时统辖一省或数省行政、经济及军事的长官，又称为督宪、制台。( )

48. "辟之为掾"中"掾"即掾吏，是官府中佐助官吏的通称、分曹治事的属吏、官府里的办事员。( )

49. 中贵人，指受宠显贵的近臣或宦官，而宦官是中国古代侍奉君王及其家属

的官员。（ ）

50. 太子太傅和太子太师、太子太保称为"东宫三师"，都是太子的老师。太傅教武，太师教文，太保保护其安全。（ ）

第三节　官职调动

知识精讲

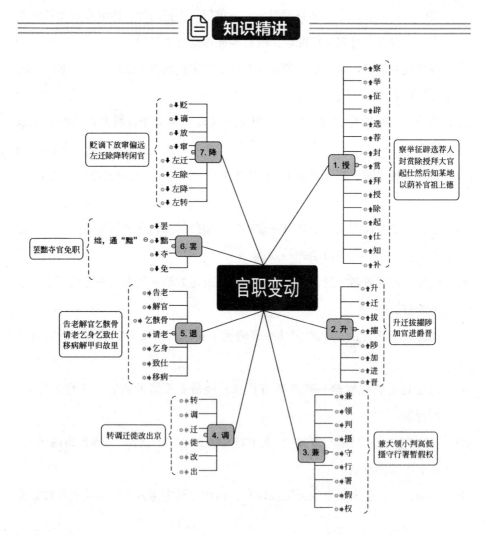

一、表授予官职的词语

征：由皇帝征聘社会知名人士充任官职。

辟：由中央官署征聘，然后向上荐举，任以官职。

荐、举：由地方官向中央举荐品行端正的人，任以官职。

知：授给、给予官职。

拜：授予官职。

选：通过推荐或科举选拔任以官职。

除：任命，授职。

授：授给、给予官职。

赏：皇帝特意赐给官衔或爵位。

封：帝王将爵位或土地赐给臣子。

起：起用人才并任以官职。

察：考察后予以推荐、选举。

仕：做官。

（1）仕宦：做官，任官职。

（2）仕进：进身为官。

二、表罢免官职的词语

罢：免去，解除官职。

绌、黜：废掉官职。

免：罢免。

夺：削除。

三、表提升官职的词语

升：升官。

擢：在原官上提拔。

拔：提升本来没有官职的人。

迁：一般指提升。

陟：进用。

晋、进：晋升官职，提高职位或级别。

加：加封，即在原来的官衔上增加荣衔，一般可享受一世特权。

拜：按一定礼节授予（任命）官职，一般用于升任高官。

四、表降低官职的词语

谪：因罪被降职或流放。

贬：降职；降职并外放。

放：一般指由京官改任地方官。

左迁：降职贬官，特指贬官在外。

窜：放逐，贬官。

左除、左降、左转：降职。

出宰：京官外放出任地方长官。

五、表调动官职的词语

迁：调动官职，一般指提升。

徙：一般的调动官职。

调：变换官职。

转：调动官职。

补：补充空缺官职。

改：改任官职。

出：京官外调。

六、表兼代官职的词语

兼：兼任。

领：兼任（较为低级的官职）。

行：代理官职。

署：代理、暂任。

权：暂代官职。

判：高位兼低职。

假：临时的，代理的。

摄：暂代官职。

守：代理官职。

七、表辞官

告老：官员年老辞官。

解官：辞去官职。

请老：官员请求退休养老。

乞身：古代认为官吏做官是委身事君，因此称请求退职为"乞身"。

乞骸骨：古代官吏请求退职，意思是使骸骨归葬故乡。

移病：上书称病，为居官者请求退职的委婉语。

致仕：交还官职，即退休。

直通真题

（请仔细阅读下列选项，勾选出不正确的选项）

「2017新课标Ⅱ卷」A.下车，古代可以代指官吏就职。后来又常用"下车伊始"表示官吏初到任所。　　　　　　　　　　　　　　　（　　）

「2017新课标Ⅲ卷」D.告老本指古代社会官员因年老辞去职务，有时也是官员因故辞职的一种借口。　　　　　　　　　　　　　（　　）

「2016新课标Ⅱ卷」D.移疾指官员上书称病，实际是官员受到权臣诋毁，不得不请求退职的委婉说法。　　　　　　　　　　　（　　）

「2016新课标Ⅲ卷」C.致仕本义是将享受的禄位交还给君王，表示官员辞去官职或到规定年龄而离职。　　　　　　　　　　　（　　）

模拟自测

（请仔细阅读下列选项，勾选出不正确的选项）

1. 归沐，本意指回家沐浴，后指官吏休假，休假天数在各个朝代有所不同，如汉代"五日一休沐"，唐代"旬休"。（   ）

2. 致仕，也叫进仕、致事、休致等，旧时指交还官职，即辞官。源于周代，汉以后形成制度。（   ）

3. 擢，指提升官职，表示官职升迁的词语还有升、拔、陟、晋、超擢、超迁等。（   ）

4. 知，即担任。可单独作动词使用，如"知开封府"，亦可合作名词使用，如"知县""知府"等。（   ）

5. 致仕指交还官职，即退休，同义词还有"致政、休致、悬车、发老、乞骸骨"等。（   ）

6. 迁，一般指官职的调动，有贵右贱左之说，故将贬官称为"左迁"。（   ）

7. 出，指因过错而离开朝廷出任地方官；入，指因政绩被从外地提升到朝廷任职。（   ）

8. "加"是升官之意，"拔""擢""陟""晋""进""拜""右迁"等都是表官职升迁的词语。（   ）

9. 摄，暂时代理比本官高的职务，表暂时代理的还有假、权、署、除等词语。（   ）

10. 古代官员正常退休叫"致仕"，也称"致事""致政"。（   ）

11. "拜"与"除""授"等词语都表示任命官职，与"迁""擢""转"不同。（   ）

12. "拜"既可以指授予官职，也可以指接受任命。古汉语中表示授予官职的词还有"除""授""迁""封"等。（   ）

13. 解褐，褐通常指用粗麻或兽毛织成的粗布或粗布衣服，上古贫民穿褐衣。"解褐"指脱去粗布衣服，喻入仕为官。（   ）

14. 署，暂时代理某一官职。在文言文中像"权""假""领""摄"等词都有类似的意思。（　　）

15. 视事，指就职治事。如《张衡传》中"视事三年，上书乞骸骨"指的就是到任工作。（　　）

16. 兼，兼任职务，义同假、代、摄等。如《指南录后序》："予除右丞相，兼枢密使。"（　　）

17. 赠，即追赠，也叫追封、追晋，古代指朝廷对去世的有功之臣授予某种官职、称号等。（　　）

18. 拜，指按一定礼节授予（任命）官职，一般用于升任高官。表升迁的词语还有"擢""出""升"。（　　）

19. 乞休，请求退休，是中国古代官员基于某种原因而主动申请辞职退休的行为。（　　）

20. 领，代理之意。古代表示代理官职的词语还有很多，如"权""摄""署""行"等。（　　）

21. 辟，指征召出仕，由皇帝直接向社会征聘任命。（　　）

22. 征，汉代擢用人才的一种制度，由皇帝征聘社会贤才到朝廷充任官职。（　　）

23. 下车，动词，意为官吏初到任。另外，古代用作殉葬的粗陋之车，也称下车。（　　）

24. 赠，也称追赠，是指给已经去世的官吏或他的父祖、子孙追授官职爵位。（　　）

25. 赐绯，赐给绯色官服。指官员官品不及而皇帝推恩特赐准许服绯，以示恩宠。（　　）

26. 权，暂时代理官职。一般指官吏补充缺职，也可指由候补而正式任命。（　　）

27. 徙，改任官职，多指一般的调职，和"移""调""转"意思相近。（　　）

28. "转"，意为"转任"。《张衡传》"顺帝初，再转，复为太史令"中的"转"

与此同义，一般都存在升迁之意。（　　）

29. 秩满，指古代官员任职期满。唐代诗人孟浩然有"秩满休闲日，春余景气和"（《同张明府碧溪赠答》）的诗句。（　　）

30. 印绶，旧时称印信和系印的丝带，亦借指官爵；"解印绶"指解下印绶，与"解褐"意同。（　　）

31. 累迁，指多次升迁、连续升迁；迁，指官职变动，进、摄、兼、拜等皆有此意。（　　）

32. 荫，指封建时代因先辈有功而给予子孙权利，让子孙继承先辈的官位和爵位。（　　）

33. 挂冠，指辞官、弃官。（　　）

34. 荫补，我国古代的一种选官制度，指下辈因上辈功业或地位而获得特殊待遇。（　　）

35. 起复，指封建时代官员遭父母丧，守丧尚未满期而应召赴任官职，也可泛指一般开缺或革职官员重被起用。（　　）

36. "考课"就是朝廷依照相关法令，在一定的年限内，对各级官吏进行考核，区别不同等级，予以升降赏罚。（　　）

37. 削籍，指删除官籍中的名氏，籍，指官名册。革职，只是革去现有职务，有重新起用的可能；削籍，则意味着除名，意味着永不录用了。（　　）

38. 加，可指在原有官职外加领官衔，以示尊崇。加官为中国古代职官体系中的常见现象，加官制度是我国古代官制体系中一个重要的内容。（　　）

39. 袭封，与"荫"相同，均指封建时代子孙承袭上辈的封爵，都是一种封建皇帝封赏大臣子女的制度。（　　）

第三章　选拔制度

第一节　中国历代选官制度简介

知识精讲

中国历代选官制度

起始时间	制度名称	选拔方式
原始社会	禅让制	选贤举能，试用考察
西周	世袭制	世卿世禄，子孙相继
西汉	察举制	由下而上，乡评里选
	征辟制	自上而下，上级征召
曹魏	九品中正制	中正负责，选人定品
隋	科举制	统一考试，公开竞争

一、夏商周时期

世卿世禄制，盛行于夏商周时期。原始社会末期，天下为公、选贤与能的禅让制被破坏后，出现了"大人世及以为礼"的世袭制。世袭制的特点是王权与族权的统一。它通过家族血缘关系来确定国家各级官员的任命，依血缘亲疏定等级尊卑和官爵高下。担任官员的大小贵族必须经国学教育，学习相关礼仪知识方可上任，即"三代以上出于学"。凡定爵位与官职者都世代享有采邑和封地。从历史发展的角度看，它是历史的进步，其根源在于生产力的提升。

二、两汉时期

汉朝建立了一整套选举人才的选官制度，有察举制和征辟制。

1.察举即选举，是一种由下而上推选人才为官的制度，是两汉选用官吏最主要的途径。察举制，初期以"乡举里选"为依据，注重乡里舆论对某位士人德才评判的权威性，后来，在选官制度日趋腐朽的情况下，出现了一批世代为官、把持中央或地方政权的豪门大族，累世公卿的世家地主因此形成并发展起来。汉朝后期，宦官把持用人大权，选官制度更加腐朽，出现"举秀才，不知书；察孝廉，父别居"的局面。

2. 征辟是一种自上而下选拔官吏的制度，主要有皇帝征聘与公府、州郡辟除两种方式。皇帝征聘是采取特征与聘召的方式，选拔某些有名望的品学兼优的人士，或备顾问，或委任政事。征聘之方，由来已久，如秦孝公公开下令求贤即属征聘性质。秦始皇时叔孙通以文学征，王次仲以变仓颉旧文为隶书征，亦皆属征召性质。到了汉代，汉高帝十一年（公元前196年）发布求贤诏，也是继承了这一方式，此后相沿成例。皇帝征聘，为汉代最尊荣的仕途，被征者来去自由，朝廷虽可督促，如坚不应命，亦不能强制；且于既征之后，地位也不同于一般臣僚，大都待以宾礼。

辟除是高级官员任用属吏的一种制度。汉代辟除官吏有两种情况：一种是公府辟除，试用之后，由公府或由公卿荐举与察举，可出补朝廷官或外长州郡，故公府掾属官位虽低，却易于显达。一种是州郡辟除，州郡佐吏中有资历、功劳者，试用之后被荐举或被察举，亦可升任朝廷官吏或任地方长吏。

三、魏晋南北朝时期

九品中正制，尤为注重门第出身。负责选评定级的中正官的设置，既保留了汉代乡间评议的传统，又改变了汉末名士和地方大族操纵选举的局面，把品评与选官的权力收归中央。这对杜绝朋党，破除门阀起了一定的作用。起初，这一制度致力于解决朝廷选官和乡里清议的统一问题，是对汉代选官传统的延续，也是对曹操用人政策的继承。但到魏晋之交，因大小中正官均被各个州郡的"著姓士族"垄断，他们在评定品级时，偏袒士族人物，九品的划分，已经背离了"不计门第"的原则。此后的三百年间，出现了"上品无寒门，下品无士族"的门阀士族垄断选官权力的局面，九品中正制彻底成为保护士族世袭政治特权的官僚选拔制度。

四、隋朝至清末时期

隋炀帝以后至清末通过科举制度取士。隋文帝废除九品中正制,开始采用分科考试的方法选拔官员;隋炀帝时,始建进士科,科举制形成。唐朝继承和完善科举制度:贞观年间,增加考试科目,以进士、明经两科为主;武则天时,增加科举取士的人数,首创武举和殿试;开元年间,任用高官主持考试,提高科举考试地位,后成定制。北宋的科举制比唐朝有了进一步发展:考试分为州试、省试、殿试三级,严格科举考试程序,举人经礼部考试后须经殿试才算合格,录取权由皇帝直接掌握,殿试成为定制;考试科目逐渐减少,进士科成为最主要科目;实行糊名制,采取"弥封""誊录",即将试卷上的姓名、籍贯密封,防止考官舞弊;录取名额比唐朝大大增加。明朝沿袭了前代科举取士制度,为严格控制士人的思想,科举试卷仅从儒家的四书五经中命题,而且只准用程朱理学的观点,不许发挥个人见解;答卷的文体有严格的规定,分八个部分,称为"八股文"。八股取士制度,严重地束缚了士人的思想。20世纪初,由于国内形势的剧变,科举制度已不能适应社会需要。1905年,清政府废除了科举制度。

第二节　科举制度必会重点

一、科举制度考试流程

明清科举考试

次序	一考			二考	三考	
考试类型	童生试			乡试	会试	
	县试	府试	院试		会试	殿试
考试地点	县	府	州	京城或各省省城贡院	礼部	皇宫保和殿

续表

明清科举考试								
主考官	地方学政	地方学政	地方学政	中央特派官员	进士出身的大学士、尚书以下副都御史以上的官员	皇帝		
参考条件	童生	童生	童生	秀才（监生）	举人	贡士		
通过后身份	无	无	生员	举人	贡士	进士	一甲：赐进士及第	
							二甲：赐进士出身	
							三甲：赐同进士出身	
第一名身份	县案首	府案首	院案首	解元	会元	一甲	第一名：状元（鼎元）	
							第二名：榜眼	
							第三名：探花	
						二甲、三甲	第一名：传胪	
考试时间	三年两次			三年一次	乡试次年三月	会试同年四月		
又称	无			秋闱	春闱	无		
榜名	无			桂榜	杏榜	金榜（金甲）		

状元之路

童生　秀才　举人　贡士　进士

县试 府试 院试　　乡试　　　会试　　　殿试

家有读书郎　　秀才省乡试　　举人进会试　　贡士去殿试
县府院三试　　考过成举人　　考过是贡士　　考过成进士
童生考秀才　　秋桂解元头　　春杏会元首　　一甲前三名
　　　　　　　　　　　　　　　　　　　　　金榜状元首
　　　　　　　　　　　　　　　　　　　　　榜眼和探花

二、科举考试科目

各朝科举考试科目并不相同。从各个朝代科举设置的科目可以看出用人取向，也反映了当时的人才需求。唐朝考试科目很多，常设科目主要有明经（经义）、进士、明法（法律）、明字（文字）、明算（算学）。到明朝只设进士一科。清袭明制，但也开过特制（特别科），如博学鸿词科、翻译科等。

科举除了特制科目外，明经、进士科考的内容主要是儒家经典。考试在各个朝代也有不同，唐朝主要有墨义、口试、帖经、策问、诗赋，宋朝主要是经义、策问、诗赋，到明代只有经义一门了。

科举考试科目一览	
墨义	考官根据经文出题，考生笔答该句经文的前人注疏或上下文。有时采取口答的形式，就称为口义
帖经	考官任取经典中某一段，用纸条贴盖其中数字或数句，令考生背出来，类似现代填空考试的办法
策问（时务策）	考官就当前时务提出策问，考生书面作答。时务策涉及国家现实问题，使读书人从故纸堆中爬起来，面向社会，观察、思考问题，设计解决办法
诗赋	唐高宗永隆二年，有人认为明经多抄义条，议论只谈旧策，表现不出真才实学，建议加试杂文两篇（一诗一赋），于是开始了诗赋考试
杂文	杂文泛指诗、赋、箴、铭、表、赞之类，测试应试者的文学才华
经义（明经）	是围绕经书义理展开的议论。如果说策问还有考生发挥的余地，经义便已经无所谓个人的思想，考生唯朝廷指定的"圣贤书"是遵。自宋朝开始，经义取代帖经、墨义，而明朝就干脆专考经义
武举	唐代武则天始创的选拔武将的武举考试，清朝时改称武科。历史上武举一共进行过约五百次。相对于文举，武举较为不受重视。历朝的武举时而被废，时而恢复，而武举出身的进士的地位亦低于文举出身的进士

三、学校相关

1. 学校

高等学校	地方学校	私学
稷下学宫 国学 太学 国子监	庠 序 乡学	私塾

（1）高等学校

【稷下学宫】又称稷下之学，战国时齐国的官办高等学府。稷下学宫的存在，曾为当时百家争鸣开创了良好的社会环境，促进了先秦时期学术文化的繁荣。

【国学】西周设于王城及诸侯国都的学校，分为小学和大学，天子所设名为"辟雍"，诸侯所设名为"泮宫"。

【太学】中国古代设在京城的全国最高学府。

【国子监】隋代以后的中央官学，为中国古代教育体系中的最高学府，兼有教育行政机构的职能。

（2）地方学校

【庠序】古代的地方学校，后亦泛指学校。

【乡学】乡学与国学相对而言，泛指地方所设的学校。

（3）私学

【塾】西周设置于地方的初级学校。

2. 老师

【祭酒】古代主管国子监或太学的教育行政长官。荀子曾三任稷下学宫的祭酒，相当于现在的大学校长。

【博士】秦汉时掌管书籍文典、通晓史事的官职，后成为专通一经或精通一艺、教授生徒的官职。

【教授】原指传授知识、讲课授业，后成为了学官名。汉唐以后各级学校均设教授，主管学校课试、执行学规等事。

【司业】隋代以前国子监设置司业，为监内的副长官，协助祭酒主管监务。

【学政】全称"提督学政"，俗称"学台"，清代省级地方文化教育行政官。

3. 学费

【束脩】古代学生与老师初见面时，必先奉赠礼物，表示敬意，名曰"束脩"。早在孔子的时候就已经实行。束脩就是咸猪肉，后来基本上就是拜师费的意思，可以理解为学费。

直通真题

（请仔细阅读下列选项，勾选出不正确的选项）

「2020 新课标Ⅰ卷」B. 殿试是中国古代科举制度最高一级的考试，在殿廷举行，由丞相主持。（　　）

「2020 新高考Ⅱ卷」A. 乡试是中国古代科举考试之一，由各地州、府主持，考生来自全国各地。（　　）

「2018 新课标Ⅱ卷」C. 茂才，即秀才，东汉时为避光武帝刘秀名讳，改为茂才，后世有时也沿用此名。（　　）

「2017 新课标Ⅲ卷」A. 状元是我国古代科举制度中的一种称号，指在最高级别的殿试中获得第一名的人。（　　）

「2015 新课标Ⅰ卷」A. 登进士第，又可称为进士及第，指科举时代经考试合格后录取成为进士。（　　）

模拟自测

（请仔细阅读下列选项，勾选出不正确的选项）

1. 孝廉，汉代选举官员的科目。汉代推举孝悌、清廉之士的察举制与征辟相反，自下而上选拔官员。（　　）

2. 孝廉，是汉武帝时设立的察举考试的一种科目，《陈情表》中"察臣孝廉"即是此意。（ ）

3. 秀才，又称茂才，指优秀的人才，与后代科举的"秀才"含义不同。汉代为了选拔人才，有察举制度，考察和推举人才。（ ）

4. 辟指征召做官，唐代朝廷大臣可征召名士大儒为官，地方长官也可自行辟聘，这是沿袭汉代的科举制度。（ ）

5. 官阶指官员的等级次第，我国古代形成了完整的官阶制度，历代都分为九品十八级，每品又有正从之别。（ ）

6. 进士，古代科举制度中通过最后一级中央政府考试者。科举考试到明清发展为四个级别，最低一级是乡试。（ ）

7. 乡试，又称秋闱，考后发布正副榜，正榜所取的叫举人，第一名叫解元。（ ）

8. 明经，汉武帝时期出现的选举官员的科目，被推举者须明习经学，故以"明经"为名。（ ）

9. 廷试，又称御试、殿试、廷对等，是唐、宋、元、明、清时期科举考试的最高一级。廷试在殿廷上举行，由皇帝亲发策问，乡试中选者始得参与。（ ）

10. 进士为通过殿试者，头名为状元；通过会试者称为贡士，头名为会元；通过乡试者称为举人，头名为解元。（ ）

11. 进士，指科举制度中通过殿试的人，隋炀帝大业年间始置进士科目。（ ）

12. 明经，亦称明经科，是科举考试科目之一。以经义、策问取士，出身与进士科同。（ ）

13. 诸生是古代中国对读书人的一种称呼，明清后又指经考试录取而进入府、州、县各级学校学习的生员。（ ）

14. 科举殿试录取分为三甲，一甲三名，赐"进士及第"的称号，第一名叫状元，第二名叫探花，第三名叫榜眼。（ ）

15. 登第，也称登科，指科举时代应考人被录取。第，指科举考试录取列榜的甲次第。（　）

16. 太学，古代设在京城的最高学府。（　）

17. 乡试是明清两代每三年在各省省城（包括京城）举行的选拔人才的考试，因在秋天的八月举行，故又称秋闱，乡试考中的叫举人。（　）

18. 乡试，中国古代科举考试之一。由各地州、府主持考试，一般在春季举行，故又称"春闱"。科举考试在明朝时形成了完备的制度：分为院试、乡试、会试和殿试。（　）

19. 太学是我国古代设立的培养人才、传授儒家经典的最高学府，汉武帝时设五经博士；名始于西周，后来历代名称不一。（　）

20. 会试，是中国古代科举制度中的中央考试。应考者为各省的举人，录取者称为"贡士"，第一名称为"会元"。（　）

21. 茂才即秀才，东汉时因避光武帝刘秀的讳而改称之，与后代科举的"秀才"含义不同。（　）

22. 公车，汉代官署名，因汉代曾用公家车马接送应举的人，后也以"公车"泛指入京应试的举人。（　）

23. 对策，就政事、经义等设问，由应试者回答，自汉朝起作为取士考试的一种形式。（　）

24. 明清时代，秀才专指府（或直隶州）学、县学的生员，要取得这种资格，必须通过童子试。（　）

25. 乡校，古时乡间的公共场所，既是学校，又是乡人聚会议事的地方。（　）

26. 铨试，唐宋时期通过考试选拔官吏的方式，由吏部主持。（　）

27. 庠序，古代办学条件较好、资质齐全、学习秩序好的地方学校。（　）

28. 诸生，指古代经考试录取而进入中央学校（太学）学习的学生。（　）

29. 乡试，指明清两代每三年一次在县城举行的考试，因考期在八月，故又称为秋试、秋闱。（　）

30. 登第，指科举时代应考人被录取，因科举考试中分等第而得名，又称"下第"。（　　）

31. 乡试亦称秋闱，是明清两代每三年一次在京城和各省省城举行的考试，考中者称举人，第一名称为会元。（　　）

32. 书院是中国古代民间教育机构。开始只是地方教育组织，最早出现在唐朝，正式的教育制度则是由朱熹创立，发展于宋代。（　　）

33. 进士，指中国古代科举制度中通过最后一级中央政府考试的人，是古代科举会试及第者之称，意为可以进授爵位之人。（　　）

34. 中国古代科举殿试及第者称为进士，一甲若干名，赐"进士及第"的称号，二甲、三甲分别赐"进士出身""同进士出身"的称号。（　　）

35. 武进士是明清时武举殿试及第者，武举是科举制度的武科，是一种选拔武官的考试制度。（　　）

36. 同年，科举时代同榜考中的人，有时候也指年龄或辈分相同的人。（　　）

37. "进士"是清代科举的最高功名。经会试、复试和殿试取中后，方能称进士。这三个阶段的考试由皇帝圈题，钦定名次。（　　）

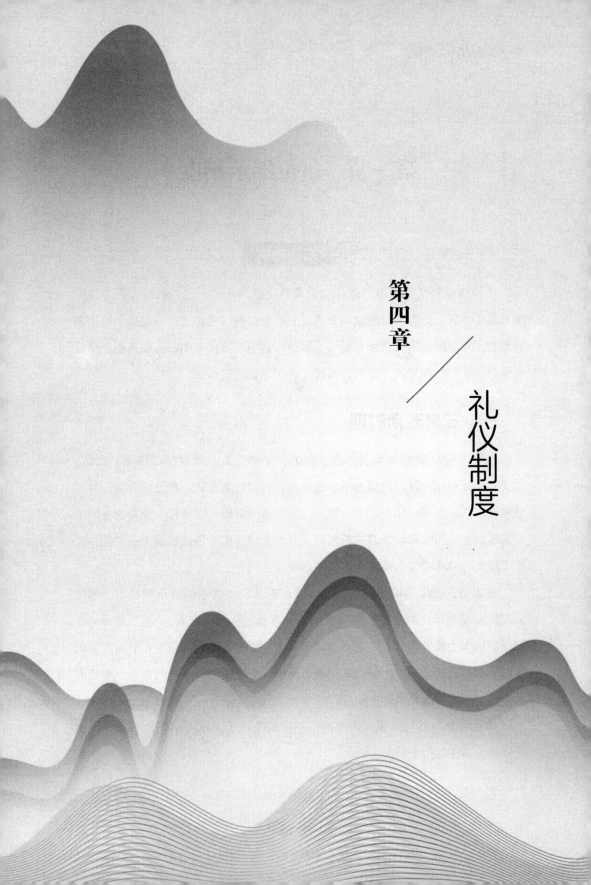

第四章

礼仪制度

第一节　皇位继承制度

知识精讲

皇位继承制度是中国封建社会世袭君主制的核心，是以血缘关系为纽带维系君主专制、万世一统的政治制度。它是皇权得以承袭的唯一途径，直接关系到君主专制统治能否巩固和延续，因而得到中国历代王朝的高度重视。皇位继承制度从产生到发展、完善，经历了一个漫长的过程。

一、三皇五帝时期

三皇五帝时期的继承制，最主要的便是禅让制。当时已有部落的形成，与氏族公社对比，这时的部落已非常先进，有自己的军队、自己的财政，并初具规模。三皇五帝时期，天下主要有三大部落，分别是以黄帝、炎帝为主的中原部族，东夷部族和南方的三苗部族。三者之间长期战争，最终黄帝获胜，产生了最大的部落联盟，黄帝也成了部落联盟首领。

在当时，王位的继承制度主要表现在部落联盟首领的继承问题上，当时采取的制度是禅让制，是指统治者生前把首领之位让给别人，"禅"意为"在祖宗面前大力推荐"，"让"指"让出帝位"，即民众选举出当今天下最贤能的人继承部落首领之职。比如以孝顺著名的尧，治理黄河而成名的大禹，皆是通过禅让制继承部落首领这个职位。

禅让可分内禅与外禅，内禅为帝王将帝位让给同姓人，外禅谓天子禅位于外姓，如尧让位于舜。

二、夏商时期

夏商时期采取的继承制度是王位继承制，以"父死子继，兄终弟及"为主。大禹的儿子启建立了夏朝即中国古代第一个奴隶制国家，并开创了王位世袭制的继承制度。实行这种继承制度，王朝由原先的天下人的天下转变成了一个家族的天下。

三、周时期

周朝实行的依然是王位世袭制，相比于夏商两朝，周朝又实行了宗法制度，以嫡长子继承制为核心。

嫡长子继承制度保证了周王室继位的稳定性，减少了王室成员之间的斗争。而宗法制又将继承变得等级化，宗法制、嫡长子继承制、王位世袭制相结合，最终使得王位继承有据可依。

四、秦以后的封建王朝

秦朝以后，宗法制已逐渐消除，各个封建王朝以嫡长子继承制和王位世袭制为主，各个朝代的皇位理论上皆由皇帝的嫡长子来继承，保证了皇位继承的合法性，减少了皇室内部之间的斗争。

【核心】嫡长子继承制，即正妻所生的长子为法定的王位继承人。

【常识】嫡为大宗，庶为小宗。正妻所生为嫡生（嫡子），妾所生谓之庶出（庶子）。

直通真题

（请仔细阅读下列选项，勾选出不正确的选项）

「2020 新课标Ⅲ卷」B. 立嗣可指无子而以同宗之子承继，又可指确立王位继承人。（ ）

「2019新课标Ⅰ卷」D. 就国，是指受到君主分封并获得领地后，受封者前往领地居住并进行统治管理。（　　）

「2018新课标Ⅰ卷」D. 逊位，也称为让位、退位，多指君王放弃职务和地位。（　　）

「2016新课标Ⅰ卷」B. 建储义为确定储君，也即确定皇位的继承人，我国古代通常采用嫡长子继承制。（　　）

「2015新课标Ⅰ卷」D. 太子指封建时代君主儿子中被确定继承君位的人，有时也可指其他儿子。（　　）

「2015新课标Ⅱ卷」C. 嗣位指继承君位，我国封建王朝通常实行长子继承制，君位由最年长的儿子继承。（　　）

模拟自测

（请仔细阅读下列选项，勾选出不正确的选项）

1. 受禅，旧指王朝更迭，新皇帝接受旧皇帝让给的帝位。（　　）
2. 受禅指中国古代帝王在太平盛世或天降祥瑞之时祭祀天地的大型典礼。（　　）
3. 受禅是指新王朝的皇帝接受禅让的帝位，源于上古时的禅让制，后来中国的王朝更替常以禅让之名行夺权之实。（　　）
4. 受禅，指同一朝代，新皇帝接受旧皇帝让给的帝位，也指古时推举部落首领的一种方式。（　　）
5. 内禅，是古代实行的一种君位传承制度。在世袭制王朝下，君主将君位禅让给本家族里的人，称作内禅。（　　）
6. 嗣位指继承君位，我国封建王朝一般奉行的是嫡长子继承制。（　　）
7. 即位，古代指登上皇位或王位，开始成为帝王或诸侯。（　　）
8. 袭爵原指有爵位者的第一继承人（世子）承袭原有爵位，而其余继承人则减等袭爵。（　　）
9. 皇太子也称太子，通常被授予的对象是皇帝的嫡长子，通常也是封建社会

皇帝的第一顺位继承人。　　　　　　　　　　　　　（　　）
10. 太子指封建时代君主儿子中被确定继承君位的人，有时也可指其他儿子。
　　　　　　　　　　　　　　　　　　　　　　　　（　　）
11. 嗣世职，指继承上代人传下的世袭职位。古时，战功、爵位等荣誉职务或特殊官位可以让子辈继承。　　　　　　　　　　　　（　　）
12. 国本，古代特指确定皇位继承人，建立太子为国本。　（　　）

第二节　封建礼制

古代礼制，以祭祀之事为吉礼，丧葬之事为凶礼，军旅之事为军礼，宾客之事为宾礼，冠婚之事为嘉礼，合称五礼。

一、吉礼：祭祀之事

即祭祀天神、地祇、人鬼等的礼仪活动。

（一）郊祭也称郊祀

古代于郊外祭祀天地，南郊祭天，北郊祭地，是儒教礼仪中的主要部分，祭祀对象分为三类：天神、地祇、人鬼。

（二）斋戒

古代祭祀前要沐浴、更衣、独居，戒其嗜欲，以示心地诚敬，这些活动叫斋戒。斋又称致斋，致斋三日，宿于内室，要求"五思"（思其居处、笑语、志意、所乐、所嗜），这主要是为了使思想集中、统一。戒又称散斋，散斋七日，宿于外室，停止参加一切娱乐活动，也不参加哀吊丧礼，以防"失正""散思"。古人斋戒时忌荤，但并非忌食鱼肉荤腥，而是忌食有辛味臭气的食物，如葱、蒜等，这主要是为了防止祭祀时口中发出的臭气，对神灵、祖先有所亵渎。

(三)牺牲

古代祭祀用的牲畜。色纯为牺,体全为牲。

(1)三牲:一指古代用于祭祀的牛、羊、猪,后来也称鸡、鱼、猪为三牲;也指夏商周三代所用牺牲的总称。

(2)少/太牢:古代祭祀、宴会时,牛、羊、豕三牲具备为太牢,只有羊、豕则为少牢。

(3)血食:用于祭祀的食品,指古代杀牲取血以祭。文言文中常常以"血食""不血食"借以指代国家的延续和破灭。

(四)俎豆

指祭祀、宴飨时用来盛祭品的两种礼器。

(五)配享

最早太庙只是供奉皇帝先祖及历代皇帝的地方。后来皇后、宗室、功臣的神位在皇帝的批准下也可以被供奉在太庙,称为配享太庙。

(六)祠

祠是为纪念伟人、名士和祖先而修建的供舍(相当于纪念堂)。这点与庙有些相似,因此也常常把同族子孙祭祀祖先的处所叫祠堂。东汉末,社会上兴起建祠抬高家族门第之风,甚至活人也为自己修建生祠。

(七)践阼

即"践阼",意指走上东阶而成为主位或主祭,后多用于帝王登基,也作"践祚"。古代庙寝堂前两阶,主阶在东,称阼阶。

(八)封禅

封为祭天,禅为祭地,指中国古代帝王在太平盛世或天降祥瑞之时的祭祀天地的大型典礼,一般由帝王亲自到泰山上举行。

（九）淫祀

指不合礼制的祭祀，不当祭的祭祀，妄滥之祭。包含了越分之祭与未列入祀典之祭两种。

直通真题

（请仔细阅读下列选项，勾选出不正确的选项）

「2018 新课标Ⅲ卷」A. 陵寝是帝王死后安葬的陵墓，陵墓建成后，还需设置守陵奉祀的官员以及禁卫。（　　）

「2018 新课标Ⅰ卷」C. "践阼"原指踏上古代庙堂前的台阶，又表示用武力打败敌对势力，登上国君宝座。（　　）

「2023 全国乙卷」C. 血食，指受享祭品，古代祭祀时宰杀牛、羊等做祭品，取血以祭，称为血食。（　　）

模拟自测

（请仔细阅读下列选项，勾选出不正确的选项）

1. 中国古代以祭祀之事为吉礼，丧葬之事为凶礼，军旅之事为军礼，宾客之事为宾礼，冠婚之事为嘉礼，合称五礼。（　　）

2. 筮，古代用蓍草的茎占卦的一种活动。古人将做官时会占卜问吉凶，故后也称刚做官为"筮仕"，《氓》中"尔卜尔筮"为成婚前问吉凶。（　　）

3. 生祠，指为活人修建的祠堂，是用来纪念活人的，而常见的祠是用来纪念逝者的。（　　）

4. 郊祀，我国古代帝王祭祀天地的活动，因在都城之郊，故称郊祀。南郊祭天，北郊祭地。（　　）

5. 配享，指臣子在帝王宗庙得到附带祭祀，是古代奖励功臣的一种恩典。（　　）

6. 太牢，指古代祭祀天地时，牛、羊、豕三牲全备。"少牢"只有豕、羊，没有牛，天子祭祀用太牢，诸侯祭祀用少牢。（　　）

7. 太庙原是供奉皇帝先祖及历代皇帝的地方。后皇后、宗室、功臣的神位在皇帝的批准下也可以被供奉在太庙，称为配享太庙。（　　）

8. 斋醮，一般指斋醮科仪，俗称道场，是一种斋戒祀神仪式。《红楼梦》里有去清虚观打醮的事，就是道士设坛为人做法事，以求福禳灾。（　　）

9. 践祚，即践阼，意指走上东阶而成为主位或主祭，后多用于帝王登基、寿诞、册封等活动，也作"践胙"。（　　）

10. 祭酒，原指古代飨宴时酹酒祭神的长者，后为官名，意为首席、主管。（　　）

11. 建祠指为纪念伟人名士而修建供舍，后常把子孙祭祀祖先的处所叫作祠堂，但不能为活人修建祠堂。（　　）

12. 禳，指消除灾邪。祈禳是道教最富特色的法术，祷告神明以求平息灾祸，福庆延长。（　　）

13. 明堂辟雍，中国古代最高等级的皇家礼制建筑之一，用以朝会诸侯、发布政令、祭天和配祀宗祖等。（　　）

14. 专祠指古代朝廷专门为有大功德于民者敕封神号而立的祠庙。以身殉职或亲民之官，也可以在立功地建立专祠。（　　）

15. 淫祠，古时指供人纵情玩乐、不在祀典的祠庙，因有伤风化往往被正直的官员毁弃。（　　）

16. 歃血，古代举行盟会时，将牲畜的鲜血涂在钟鼓表面，以示信守誓言。（　　）

二、嘉礼：冠婚之事

知识精讲

嘉礼是饮宴婚冠、节庆活动方面的礼节仪式。嘉，美、善的意思。帝王登基、太后垂帘、帝王圣诞、立储册封、帝王巡狩等，也属嘉礼。

嘉礼是和合人际关系，沟通、联络感情的礼仪。其主要内容有六：一曰饮食，二曰婚冠，三曰宾射，四曰飨燕，五曰脤膰，六曰庆贺。

嘉礼的用意在亲和万民，其中饮食礼用以敦睦宗族兄弟，婚冠礼用以对成年男女表示祝贺，宾射礼用以亲近故旧朋友，飨燕礼用以亲近四方宾客，脤膰礼用以亲兄弟之国，庆贺之礼则用在国有福事时。

（一）乡饮酒礼

乡饮酒礼乃敬贤尊老之礼，是古代地方行政管理工作的一项重要内容。历代常以乡饮酒礼作为推行教化的手段。汉代乡饮酒礼与郡县学校祀先圣先师之礼同时举行。唐代科举取士以后，地方长吏即以乡饮酒礼招待，后代发展为鹿鸣宴。明清时期，乡饮酒礼在孟春正月及孟冬十月举行，并伴有"读律令"和训诫致辞的内容，以此劝导民众尊亲敬长，遵守国法。

（二）冠笄之礼

冠礼，指古时汉族男子的成年礼仪。男子加冠后就被承认为成年男子，从此有执干戈以卫社稷等义务，同时也就有了娶妻生子等成年男子所拥有的权利。行冠礼的年龄，一般为20岁。加冠在古代是人生中一件大事，一般在宗庙里举行，由父或兄主持。冠礼前，要以蓍草占卜，选定加冠的良辰吉日。

冠礼时，宾（主持人）要给受冠者加三种形式的冠：先加缁布冠（用黑麻布做成），表示从此有治人特权；其次加皮弁（用白鹿皮制成），表示从此要服兵役；最后加爵弁（用葛布或丝帛做成），表示从此有生人之权。加冠后，宾还要给冠者取字。

男子二十而冠，女子十五而笄。古代汉族女子在15岁许嫁时举行的成人礼仪叫笄礼。笄礼由女性家长主持，负责加笄的是女宾。女宾将笄者头发挽成发髻，盘在头顶，然后著髻，加笄后也要取字。女子到了20岁，即便仍未许嫁，也要举行笄礼。

（三）宾射之礼

射即射箭。射箭是原始人类征服野兽，抵御外敌的重要手段，后来逐渐演变成以比试射箭娱乐宾客的习俗。周人射礼有四种：大射、宾射、燕射、乡射。

大射是天子、诸侯祭祀前为选择参加祭祀的贡士而举行的射礼；宾射是诸侯朝见天子或诸侯相会时举行的射礼；燕射是天子与群臣燕息之时举行的射礼；乡（飨）射是地方官为荐举贤能之士而举行的射礼。

（四）燕飨之礼

燕通宴，即宴饮之礼。燕飨之礼，是古时王室以酒肉款待宾客之礼，飨礼在太庙举行，虽设酒肉，但并不真的吃喝，牛牲"半解其体"，也不煮熟，不能食用。飨礼规模宏大，重在仪式，用以明君臣之义、贵贱等差；燕礼在寝宫举行，烹狗而食，主宾献酒行礼之后即可开怀畅饮。

（五）脤膰之礼

在先秦，天子和诸侯在重大祭祀活动结束之后，有向臣工赏赐脤膰的制度。脤膰就是祭祀仪式中的供神肉，脤为祭社而设，膰为祭祖而设。

（六）庆贺之礼

《周礼·秋官·小行人》："若国有福事，则令庆贺之。"

模拟自测

（请仔细阅读下列选项，勾选出不正确的选项）

1. "尚"本指仰攀婚姻，后来专指娶公主为妻。古代表示婚嫁的词还有

"适""归""嫁""娶""聘""妻"等。   (   )
2. 结婚，古代指缔结婚姻关系。   (   )

三、宾礼：宾客之事

知识精讲

五礼	宾礼：宾客之事	拜	九拜礼	一、稽首	四、振动	七、奇拜
				二、顿首	五、吉拜	八、褒拜
				三、空首	六、凶拜	九、肃拜
			再拜			
			膜拜			
			折腰			
		朝仪				
		朝聘（小聘、大聘、朝）				
五礼	宾礼：宾客之事	朝觐				
		揖让（土揖、时揖、天揖）				
		长揖				
		拱				
		跪/坐				
		祖道				
		免胄				
		执手				
		寿				
		趋				
		郊迎				
		万福				
		歃血				

（一）九拜

我国古代特有的向对方表示崇高敬意的跪拜礼。《周礼》谓"九拜"："一曰稽首，二曰顿首，三曰空首，四曰振动，五曰吉拜，六曰凶拜，七曰奇拜，八曰褒拜，九曰肃拜。"这是不同等级、不同身份的社会成员，在不同场合所使用的规定礼仪。

1. 顿首，古时一种拜礼，为"九拜"之一，俗称叩头。行礼时，头碰地即起。因其头接触地面时间短暂，故称顿首。通常用于下对上及平辈间的敬礼，如官僚间的拜迎、拜送，民间的拜贺、拜望、拜别等。也常用于书信中的起头或末尾，如丘迟《与陈伯之书》："迟顿首。陈将军足下无恙，幸甚幸甚……丘迟顿首。"

2. 稽首，古代的拜礼，为"九拜"之一。行礼时，施礼者屈膝跪地，左手按右手，拱手于地，头也缓缓至于地。头至地须停留一段时间，手在膝前，头在手后。这是九拜中最隆重的拜礼，常为臣子拜见君王时所用。后来，子拜父、拜天拜神、新婚夫妇拜天地父母、拜祖拜庙、拜师、拜墓等，也都用此大礼。

3. 空首，两手拱地，引头至手而不着地，是拜礼中较轻者。行空首礼时，双膝着地，两手拱合，俯头到手，与心平而不到地，故称空首，又叫拜手。

4. 振动，两手相击，振动其身而拜。不仅要跪拜、顿首，拜后还要"踊"，即跳踊，一般都在丧事时，拜者往往搥胸、顿足，跳跃而哭，表示极度悲哀。

5. 吉拜，先拜而后稽颡，即将额头触地。三年之丧，以其丧拜；非三年之丧，以吉拜。

6. 凶拜，是先稽颡而后再拜，头触地时表情严肃。

7. 奇拜，先屈一膝而拜，又称雅拜。

8. 褒拜，行拜礼后为回报他人行礼的再拜，也称报拜。

9. 肃拜，拱手礼，并不下跪，俯身拱身行礼。推手为揖，引手为肃，其实也就是揖。

（二）再拜

先后拜两次，表示礼节之隆重。旧时书信末尾也常用再拜，以示敬意。

（三）膜拜

古代的拜礼。行礼时，两手放在额上，长时间下跪叩头。原专指礼拜神佛时的一种敬礼，后泛指表示极端恭敬或畏服的行礼方式。今人多用顶礼膜拜形容对某人崇拜得五体投地。

（四）折腰

即拜揖。鞠躬下拜，表示屈辱之意。如《晋书·陶潜传》："吾不能为五斗米折腰，拳拳事乡里小人邪！"李白《梦游天姥吟留别》："安能摧眉折腰事权贵，使我不得开心颜？"后来引申为倾倒、崇拜，如毛泽东《沁园春·雪》："江山如此多娇，引无数英雄竞折腰。"

（五）朝仪

古代帝王临朝的典礼。按礼制：天子面向南，三公面向北以东为上，孤面向东以北为上，卿大夫面向西以北为上，王族故士、虎士在路门右侧，面向南以东为上，大仆大右及大仆的属官在路门左侧，面向南以西为上。朝仪之位已定，天子和臣子行揖礼，礼毕退朝。后世也称人臣朝君之礼仪为朝仪。

（六）朝聘

诸侯定期朝见天子的礼制。诸侯朝见天子有三种形式：每年派大夫朝见天子称为小聘；每隔三年派卿朝见天子为大聘；每隔五年亲自朝见天子为朝。

（七）朝觐

周代诸侯朝见天子的礼制。诸侯朝见天子，"春见曰朝，秋见曰觐"，此为定期朝见。春秋两季朝见天子，合称为朝觐。

（八）揖让

一指古代宾主相见的礼节。揖让之礼按尊卑分为三种，称为三揖：一为土揖，专用于没有婚姻关系的异姓，行礼时推手微向下；二为时揖，专用于有婚姻关系的异姓，行礼时推手平而至于前；三为天揖，专用于同姓宾客，行礼时推手微向上。一指禅让，即让位于比自己更贤能的人。

（九）长揖

古时不分尊卑的相见礼，拱手高举，自上而下。

（十）拱

古代的一种相见礼，两手在胸前相合表示敬意。《论语·微子》中有这样的记载："子路拱而立。"

（十一）跪

两膝着地，挺直身子，臀不沾脚跟，以示庄重。

（十二）坐

古代席地而坐，坐时两膝着地，臀部贴于脚跟。为了表示对人尊重，坐法颇有讲究："虚坐尽后，食坐尽前。""尽后"是尽量让身体坐后一点，以表谦恭；"尽前"是尽量把身体往前挪，以免饮食污染坐席而对人不敬。

（十三）祖道

古代为出行者祭祀路神和设宴送行的礼仪。《汉书》载，西汉将领李广利率军队出击匈奴之前，"丞相为祖道，送至渭桥"。《荆轲刺秦王》："至易水上，既祖，取道。"文中的"祖"就是"祖道"，临行祭路神，引申为饯行送别。

（十四）免胄

诸侯军队过天子门，战车上的左右卫士必须脱胄卷甲，收好兵器，下车步行而过以示对天子的尊敬。

（十五）执手

表示亲昵的行礼方式，和现在的握手相似。

（十六）寿

以酒或物向别人祝福。

（十七）趋

臣见君时的礼节。

（十八）郊迎

到郊外等候迎接，以表敬重。

（十九）万福

旧时妇女对人行礼口中的说辞，后用来代指行礼。

（二十）歃血

古代举行盟会时，微饮牲血，或含于口中，或涂于口旁，以示信守誓言的诚意的行为。

直通真题

（请仔细阅读下列选项，勾选出不正确的选项）

「2018 新课标 Ⅱ 卷」B. 顿首，即以头叩地而拜，是古代交际礼仪；又常常用于书信、奏表中作为敬辞。　　　　　　　　　　　　　　（　　）

模拟自测

（请仔细阅读下列选项，勾选出不正确的选项）

1. 长揖，古代交际礼仪风俗，拱手高举，自上而下，是晚辈对长辈的特有行礼方式。（　　）

2. 稽首，古代跪拜礼，跪下并拱手至地，头也至地，为九拜中最隆重的一种，常为臣子拜见君父时用。（　　）

3. 顿首即磕头，古代跪拜礼之一，头叩地即举而不停留，比稽首礼更加隆重。（　　）

4. 免冠，脱去帽子，古时可以表示敬意，也可以表示谢罪。（　　）

5. 长揖，古代汉族的交际礼仪，见面时拱手自上而至极下，大多数用于晚辈对长辈。（　　）

6. 顿首是古代的一种交际礼仪，跪拜礼之一，行礼时头碰地即起，因头触地而时间短暂，故称之，通常用于下对上及平辈间的敬礼。（　　）

7. 入觐，既指诸侯于秋季入朝进见天子，也可指地方官员入朝进见帝王。（　　）

8. 坐姿有多种："常同席坐"的"坐"与我们现在的坐姿是相同的；但是"箕踞"的坐姿则是两脚张开，两膝微曲地坐着，形状像箕，是一种轻慢傲视对方的姿态，如"轲自知事不就，倚柱而笑，箕踞以骂"。（　　）

四、凶礼：丧葬之事

知识精讲

（一）不同人物死亡别称

1. 崩（驾崩）：帝王、太后去世。

2. 山陵崩：天子去世。

3. 薨：诸侯或有爵位的大官，也可以用于皇帝的高等级妃嫔和所生育的皇子公主，或者封王的贵族的死。

4. 卒：大夫及以上官员去世。

5. 不禄：士之死。

6. 死：庶人，平民百姓之死。

7. 没（殁）：嫔妃之死。

8. 殇：未成年人死亡。

9. 殒：泛指死亡。

10. 圆寂、示寂、坐化：和尚之死。

11. 羽化、登仙：道士之死。

12. 牺牲、捐躯：英雄壮士之死。

13. 云终、告终、夭亡：青壮年死亡。

14. 寿终：老年人死亡。

15. 正寝：男长辈之死；内寝：女长辈之死。

（二）死亡相关礼制

1. 死亡

丁丧，又称"丁忧""丁艰"。根据儒家传统的孝道观念，朝廷官员在位期间，如若父母去世，则无论此人任何官何职，从得知丧事的那一天起，必须辞官回到祖籍，为父母守制二十七个月。

内忧，即丁母忧，又称"丁内艰"，古代朝廷官员在位期间，子遭母丧。

外忧，即丁父忧，又称"丁外艰"，古代朝廷官员在位期间，子遭父丧。

2. 守孝

中国封建社会是由父系家族组成的社会，以父宗为重。其亲属范围包括自高祖以下的男系后裔及其配偶，即自高祖至玄孙的九个世代，通常称为本宗九族。在此范围内的亲属，包括直系亲属和旁系亲属，为有服亲属，死为服丧。亲者服重，疏者服轻，依次递减，《礼记·丧服小记》所谓"上杀、下杀、旁杀"即此意。服制按服丧期限及丧服粗细的不同，分为五种，即所谓五服：

丧服	用料	对象	时间
斩衰	极粗的生麻布	诸侯为天子； 臣为君； 男子及未嫁女为父； 承重孙（长房长孙）为祖父； 妻妾为夫	服期三年
齐衰	次粗的生麻布	父卒为母，为继母，母为长子	服期三年
		父在为母，夫为妻	服期一年 （服丧时手中执杖，亦称"杖期"）
		男子为伯叔父母、为兄弟； 已嫁女子为父母； 孙、孙女为祖父母	服期一年 （服丧时不执杖，亦称"不杖期"）
		为曾祖父母	服期三个月
大功	较粗的熟布	为伯叔父母； 为堂兄弟、未嫁的堂姐妹、已嫁的姑、姐妹； 已嫁女为伯叔父、兄弟	服期九个月
小功	稍粗的熟布	为从祖父母、堂伯叔父母、未嫁祖姑、堂姑、已嫁堂姐妹、兄弟之妻、从堂兄弟、未嫁从堂姐妹，以及为外祖父母、母舅、母姨等	服期五个月
缌麻	稍细的熟布	为曾祖父母、族伯父母、族兄弟姐妹、未嫁族姐妹，外姓中为表兄弟、岳父母	服期三个月

3. 守孝相关

（1）服除/阕：守丧期满。

（2）夺情：又称夺情起复，为国家夺去了孝亲之情，可不必去职，以素服办公，不参加吉礼。

（3）起复：1. 封建时代官员遭父母丧，守制尚未满期而应召任职；2. 明清时期又指服父母丧满期后重新出来做官。

（4）枕块：古代居父母丧，睡时以土块作枕头，表示极其哀痛。

第四章 礼仪制度

直通真题

（请仔细阅读下列选项，勾选出不正确的选项）

「2020 新高考Ⅱ卷」C. 晏驾是帝王死去的委婉说法，"晏"义为晚，晏驾指帝王车驾未能按时发出。（　　）

「2017 新课标Ⅰ卷」C. 母忧是指母亲的丧事，古代官员遭逢父母去世，按照规定需要离职居家守丧。（　　）

「2023 全国甲卷」A. 席薪枕块，指居丧时睡在柴草上，枕在土块上，以表示悲伤哀苦之意。（　　）

模拟自测

（请仔细阅读下列选项，勾选出不正确的选项）

1. 母忧，指母亲之丧，按儒家孝道观念，朝廷官员遭逢父母去世，须辞官回家守丧，叫丁忧或者丁艰。母亲去世叫"丁内艰"，父亲去世叫"丁外艰"。（　　）

2. 忧，指父母的丧事，"丁忧"原意为遇到父母等长辈的丧事，后多指官员居丧，凡官员丁忧必须解职回原籍守孝，期满后复职。（　　）

3. 丁内艰，即丁母忧，凡子遭母丧或承重孙遭祖母丧，称"丁内艰"。旧时遭父丧称"丁外艰"。（　　）

4. 不讳，指死亡。汉语中的"死"婉辞众多，蕴含中华民族礼制、民俗宗教等文化相关现象。（　　）

5. 薨，古代称诸侯或有爵位的官员的死亡，也可用于妃嫔、皇子、公主等。（　　）

6. 卒，古代是指大夫死亡，一般士的死叫"不禄"，地位不同，称呼也就不同。（　　）

7. 薨，死亡。古代天子死曰崩，诸侯死曰薨，大夫死曰卒。士曰不禄，庶人曰死。这反映了奴隶社会和封建社会里严格的等级制度。（　　）

8. 崩，专指古代皇帝死亡，也叫"驾崩"，取江山少了支柱而会崩塌的意思。
（　　）

9. 崩，本指山倒塌，古代把天子的死看得很重，常用山塌下来比喻，由此后世把皇帝、皇后或皇太后的死称"崩"。（　　）

10. "服除"即"服阕"，古代丧礼规定，父母死后子女需服丧三年，期满后除去丧服。（　　）

11. 古代官员遭父母之丧，丧期未满而强使出仕，称为"夺情"。（　　）

12. 偏孤，指早年丧父或丧母。古人对死很忌讳，故称父母之死为"见背""弃养"等，如《陈情表》中"生孩六月，慈父见背"。（　　）

13. 卒，去世。古代不同阶层人的死须依其不同的身份地位区别，所以有"崩""薨""卒"等说法。（　　）

14. 丁外艰，也称为"丁母忧"，古代丧制名，指子遭母丧或重孙遭祖母丧。（　　）

15. 遭忧，也称"丁忧"或"丁艰"。封建时代，朝廷官员在位期间，若父母去世，必须辞官回到祖籍，为父母守制三年（一般为二十七个月）。（　　）

16. 封建时代，官吏有丧，守丧未满期而重新起用，称作"起复"。也可以指降职或革职后重被起用。（　　）

17. 服阕，指服丧期间。服阕时禁止娱乐、交际，以表示哀悼。（　　）

18. 齐衰亦作"齐缞"，丧服名，用粗麻布制成，以其缉边缝齐，故称"齐衰"。（　　）

19. 大渐，是病危的委婉说法，古代常用的婉辞，现代汉语中很少使用。（　　）

20. 崩，古时用来比喻帝王或王后的死。诸侯或有封爵者死称薨，大夫死称不禄，士死称卒。（　　）

21. 忌日一般指父母及其他亲属去世的日子，忌日当天因禁忌饮酒、作乐等事，故称。（　　）

22. 山陵有山岳的意思，旧时也指皇帝或妃嫔、大臣的坟墓。（　　）

23. 庐舍，在古代它既可以指田野间的屋舍，也可以指建在墓侧的屋舍，有时甚至可以是军队临时的居所。（   ）

24. 梓宫，中国古代帝王、皇后所用以梓木制作的宫殿，西汉即有此称。（   ）

25. 庐墓，古人在父母或师长死后，服丧期间在墓旁搭盖小屋居住，守护坟墓。（   ）

26. 免丧，又称"夺情"，意思是为国家放弃了孝亲之情，可不必去职，以素服办公。（   ）

27. 厌代，古代对辞官或者卸任的委婉说法，意思上有厌恶官场事务之意。（   ）

28. 服阕的意思是服装缺乏，"阕"通"缺"。（   ）

五、军礼：军旅之事

知识精讲

（一）防御性建筑

1.【城池】城墙和护城河。

2.【郭】在城的外围加筑的一道城墙，即外城。内城叫城，外城叫郭。

3.【庑】本意是堂下周围的走廊、廊屋。奴隶制时代的庑，是一种防御性的设施。

4.【角楼】一种用于城市防御的特殊建筑，分布在城墙四隅，可供防御者登临瞭望敌情。

5.【城堞】城上的矮墙，泛指城墙。

6.【女墙】建在城墙顶部内外沿上的薄型挡墙，其与大城相比，极为卑小，故称女墙。

7.【望楼】古代战争中观敌瞭哨或是观望景色用的建筑物，如屋顶小阁或凉亭。

8.【楼橹】古代军中用以瞭望、攻守的无顶盖的高台,建于地面或车、船之上,也指守城或攻城用的高台战具。

9.【烽火台】又称烽燧,俗称烽堠、烟墩、墩台,一般建在险要处或交通要道上,用于发送战报、传递紧急军情。古时一旦发现敌情,若遇白天则燃烧掺有粪便的干草,释放浓烟,若是在夜里则燃烧加有硫黄和硝石的干柴,使火光通明,后方看见便知有战事发生,继而出兵相助。

10.【堡】指军事上防守用的建筑物,如堡垒、暗堡、地堡、城堡等。

(二)兵器

1.【钺】古代一种兵器,青铜或铁制成,形状像板斧而较大。

2.【戟】古代一种合戈矛为一体的长柄兵器。

3.【戈】古代一种曲头兵器,横刃,用青铜或铁制成,装有长柄。

4.【镞】箭头。

5.【弩弓】一种利用机械力量将箭射出的古代弓。

6.【吴钩】古代吴地制造的一种宝刀。

7.【刁斗】又名"金柝""焦斗",古代行军之器具。铜质,有柄,能容一斗,白天煮饭,夜间敲击巡逻防卫。

8.【鸣金】一种古代战争作战时的信号方式,指停止进攻或撤退。"金"指的是钲。钲是一种古代乐器,形似钟而狭长,上有柄,用铜制成。成语"鸣金收兵"本意为停止进攻,结束战斗,现多比喻完成任务,结束工作。

(三)军事相关

1.【屯田】汉以后历代政府为取得军队给养或税粮,由政府直接组织经营的一种农业集体耕作制度。

2.【防秋】古代西北游牧部落常趁秋高马肥时南侵,届时边军特加警卫,调兵防守,称为"防秋"。

3.【衔枚】古代军队秘密行动时,兵士口中横衔像筷子的东西,防止说话,以免敌人发觉。

第四章　礼仪制度

直通真题

（请仔细阅读下列选项，勾选出不正确的选项）

「2022 新高考Ⅰ卷」B. 百乘即一百辆兵车，"乘"指四马一车。"百乘""千乘"常用作兵力的代称。　　　　　　　　　　　　　　　　　　　　（　）

「2022 新高考Ⅱ卷」A. 衔枚指在口中横衔着枚。枚的形状像筷子，是古代行军时用以禁止喧哗的器具。　　　　　　　　　　　　　　　　　　（　）

「2023 新课标Ⅱ卷」B. 闻金则止，金指敲击刁斗发出的声音，古代军队行动中听到鸣金信号就停止前进。　　　　　　　　　　　　　　　　　（　）

模拟自测

（请仔细阅读下列选项，勾选出不正确的选项）

1. 古代西北游牧部落常趁秋高马肥时南侵，届时边军特加警卫，调兵防守，称为"防秋"。　　　　　　　　　　　　　　　　　　　　　　　（　）

2. 古代利用兵士在驻扎的地区，一面驻守一面垦殖荒地的措施称为"屯田"。　　　　　　　　　　　　　　　　　　　　　　　　　　　　　（　）

3. 部曲，古代军队编制单位，借指军队或私人军队，也指部属、部下。　　　　　　　　　　　　　　　　　　　　　　　　　　　　　　　（　）

4. 辎重：古代军事用语，指行军时由运输部队携带的军械、粮草、被服等物资。后扩用于社会方面，也指外出时携载的物资。　　　　　　　　　（　）

5. 三军，我国古代指上、中、下或左、中、右或步、车、骑三军，与现代陆、海、空三军的实质意义不同，亦可用于对军队的统称。　　　　　（　）

6. 楼橹指守城或攻城时用的高台战具。　　　　　　　　　　　　（　）

7. 行伍，古代军队编制，每五人为伍，每二十五人为行，后用行伍泛指军队。　　　　　　　　　　　　　　　　　　　　　　　　　　　　　（　）

8. 声金，即鸣金，指古代打仗时敲击铜钲表示退兵号令，击鼓则是进军号令。　　　　　　　　　　　　　　　　　　　　　　　　　　　　　（　）

9. 古时一车四马称作一乘，万乘本指一万辆兵车，战国时可指拥有万乘兵车

的诸侯国。 （　）

10. "肉袒牵羊"是古代战败投降的一种仪式。"肉袒"指脱去上衣，露出肢体，以示降服或谢罪。"牵羊"指牵着羊，表示犒劳军队。（　）

11. 衔枚，古代军队秘密行动时，兵士口中横衔像筷子的东西，防止说话，以免敌人发觉。（　）

12. 卫，明朝军队编制制度的一种，明朝军队组织有卫、所两级，一府设所，几府设卫，统称"卫所"。（　）

13. 舍，古代行军一宿或三十里为一舍，"日趋四舍"意为"一天急赶一百二十里"。（　）

六、忌讳礼法

知识精讲

避讳，封建时代为了维护等级制度的尊严，说话、写文章时遇到君主或尊亲的名字都不直接说出或写出，而以别的字相代替，避免利用名字进行人身攻击，而冒犯君主或尊亲超然的地位。《公羊传·闵公元年》说："春秋为尊者讳，为亲者讳，为贤者讳。"这是古代避讳的一条总原则。

（一）避讳对象

避讳的对象有四类。

1. 讳帝王，对当代帝王及本朝历代皇帝之名进行避讳，属于当时的"国讳"或"公讳"。如乾隆曾下诏门联中不许有五福临门四字，为的是避讳顺治帝福临之名。有时甚至还要避讳皇后之名，如吕后名雉，臣子们遇到雉要改称野鸡。

2. 讳长官，即下属要讳长官本人及其父祖的名讳。甚至一些骄横的官员严令手下及百姓要避其名讳。陆游编著的《老学庵笔记》中记有一则故事：一个叫田登的州官不准下属及州中百姓叫他的名字，也不准写他的名字，到了正月十五照例要放灯三天，写布告的小吏不敢写灯字，改为"本州依例放火三日"。由此便有了"只许州官放火，不许百姓点灯"的笑话。

3. 避圣贤，主要指避至圣先师孔子和亚圣孟子的名讳，有的朝代也避中华民族的始祖黄帝之名，有的避周公之名，甚至还有避老子之名的。比如孔子名丘，北宋朝廷下令，凡读书读到"丘"，都应读成"某"，同时还得用红笔在"丘"字上圈一个圈。

4. 避长辈，即避父母和祖父母之名，是全家的"家讳"或"私讳"。与别人交往时应避对方的长辈之讳，否则极为失礼。《红楼梦》中林黛玉之母叫贾敏，故林黛玉凡是遇到敏字都读成米或密。司马迁的父亲叫司马谈，所以《史记》里，司马迁把跟他父亲名字相同的人，一律改了名。

（二）分类

1. 国讳

指举国臣民，甚至包括皇帝本人，都必须遵循的避讳。本指皇帝本人及其父祖名字，故又称君讳、公讳。后来范围扩大，讳及皇后及其父祖的名字、皇帝的字、前代年号、帝后谥号、皇帝陵名、皇帝生肖等。

2. 家讳

家讳是家族内部遵守的避父祖名的做法。凡父祖名某某，都必须在言行、作文章时避开以此为名的事物。它其实是国讳的一种延伸，同国讳一样是封建等级、伦理观念的体现，又称私讳。

3. 内讳

实际上也是家讳，所不同的是指避母祖名讳。

4. 圣讳

即"为贤者讳"，亦即避讳为封建社会所推崇的圣人贤者的名讳。圣讳并不像国讳、家讳那样严格、广泛。在封建时代，既有朝廷规定的圣人讳，又有人们自发地为圣贤避讳。各朝圣讳略有不同，一般有孔子、孟子、老子、黄帝、周公等。汉代以后，皇帝之名有时也称圣讳。

5. 宪讳

因下属官员称上司长官为"大宪""宪台"，而对他们的名字要避讳，所以称宪讳。

6. 个人讳

顾名思义，就是对自己名字的避讳。有两种情况：一种是一些官僚自恃权势，命令手下人避其名讳，这叫自讳其名。另一种个人讳是上级长官或有权有势者并没有要求，但一些下级官吏和身份低微的人敬畏他们的权势或为阿谀奉承而主动避其名讳。

模拟自测

（请仔细阅读下列选项，勾选出不正确的选项）

1. 避讳是中国封建社会特有的语言禁忌现象。韦贯之，名纯，因避唐宪宗李纯讳，别人只能用字称呼他，只有他自己才可以用名来称呼自己。（   ）
2. 讳，指史官给历史人物写传记的一种写法，符合古时候对历史人物的名字避开不直接称谓的习惯。（   ）
3. 讳：隐讳，避讳，为尊者讳，为亲者讳，为贤者讳。讳名，是古人对身份显赫的人或自己的尊长不能直称其名。（   ）
4. 讳，旧时指按礼对君主、尊长者的名字避开不直称，而用代字、缺笔等表示。（   ）

第三节　皇家活动

一、皇室活动

（一）幸

1. 召幸：特指皇帝对嫔妃的召见。

2. 近幸：多指帝王对臣下的召见。

（二）召：君王召见臣下，命其回答有关政府施政、经书典籍等问题。

（三）北狩：皇帝被掳到北方去的婉词。

（四）封邑：古时帝王赐给诸侯、功臣以领地或食邑，被封邑的人通常只负责收取其领地的租赋。

（五）驻跸："跸"指古代帝王出行前沿路戒严，禁人经过，"驻跸"指帝王出行时中途暂住。

（六）监国：古代皇帝因故不能亲理国事，指定留守宫廷代为处理国事的人选。

（七）居摄：皇帝年幼不能亲政，由太后、大臣代居其位处理政务。

（八）勤王：君主的统治地位受到内乱或外患的威胁而动摇时，臣子发兵援救。

（九）变法：对国家的法令制度做重大的变革。中国历史上著名的变法事件有魏国的李悝变法、楚国的吴起变法、秦国的商鞅变法、宋朝的王安石变法、清朝的戊戌变法等。

（十）聘：诸侯派大夫见别国诸侯叫聘，是诸侯之间邦交的礼仪。

（十一）盟：两人以上或两国以上互相宣誓约定协同办事叫"盟"，会盟时杀牲、歃血，并且宣读盟书，誓于神，叫作盟礼。

（十二）誓：用语言相互约束，表示决不违背信约叫"誓"，诸侯之间举行这种仪式叫誓礼，不用杀牲、歃血。

（十三）朝觐：臣子朝见君主，春见天子曰"朝"，秋见天子曰"觐"。

（十四）免胄：按古代礼法，诸侯的军队过天子门，战车上的左右卫士必须脱胄卷甲，收好兵器，下车步行而过，以示对天子的尊敬。

（十五）实封：食邑制度之一，唐朝封户有虚实之别，其封国并无疆土，封户亦徒有虚名，唯加实封者，始食其所得封户的租税。

（十六）宫市：旧制，宫廷里需要的日用品，由官府承办，向民间采购；中唐以后，宫市改由太监直接办理，成为皇帝直接掠夺人民财物的一种方式。

二、宫室建筑

（一）明堂辟雍

中国古代最高等级的皇家礼制建筑之一。明堂是古代帝王颁布政令，接受朝觐和祭祀天地诸神以及祖先的场所。辟雍即明堂外面环绕的圆形水沟，环水为雍（意为圆满无缺），圆形像辟（辟即璧，皇帝专用的玉制礼器），象征王道教化圆满不绝。

（二）宫

本为房屋的通称，后来专指帝王的住所或神庙。前者如皇宫、故宫，后者如文昌宫、雍和宫。

（三）殿

高大的房屋，特指帝王所居或供奉神佛的地方。前者如太和殿，后者如大雄宝殿。殿陛，帝王宫殿的台阶，借指朝廷。

（四）阙

阙是中国古代城门、宫殿或者陵园的一种标志性建筑，通常左右各一，台上起楼观，二阙之间有道路，古代经常把阙作为帝王宫廷的代表。

（五）行宫

古代帝王出行时居住的宫室，可由其他建筑改造而成，也指帝王出京后临时寓居的官署或住宅。

（六）闱

古代宫室两侧的小门或者后妃居处。

（七）东宫

中国古代宫殿指称，因方位得名，后借指居住东宫的储君。

直通真题

（请仔细阅读下列选项，勾选出不正确的选项）

「2020 新课标Ⅱ卷」C. 禁中，又称禁内，指皇室宗族所居之处，因所居宫室严禁随便进出而得名。（　　）

「2020 新课标Ⅲ卷」D. 居摄是指古代帝王因年幼不能亲政，大臣代居其位来处理政务的一种制度。（　　）

「2019 新课标Ⅱ卷」C. 变法是指对国家的法令制度作出重大变革，商鞅变法为秦国富强奠定了基础。（　　）

「2018 新课标Ⅰ卷」D. 逊位，也称为让位、退位，多指君王放弃职务和地位。（　　）

「2018 新课标Ⅰ卷」B. "阙"原指皇宫前面两侧的楼台，又可用作朝廷的代称，赴阙也指入朝觐见皇帝。（　　）

「2015 新课标Ⅱ卷」D. 阙是宫门两侧的高台，又可借指宫廷，"诣阙"既可指赴朝廷，又可指赴京都。（　　）

「2017 新课标Ⅰ卷」D. 私禄中的"禄"指俸禄，即古代官员的薪水，这里强调未用东乡君家钱财营葬。（　　）

模拟自测

（请仔细阅读下列选项，勾选出不正确的选项）

1. 乘舆：旧时指皇帝或诸侯所用的车舆，也泛指御用器物等。（　　）
2. 阙，原指皇宫前面两侧的楼台，又可用作朝廷的代称，"归阙"意为返回

109

京师。（ ）

3. 居摄，指皇帝因年幼、疾病、出逃等不能亲政，由大臣代居其位处理政务。
（ ）

4. 大赦，古代封建社会，帝王常在登基、立太子等情况下赦免犯人，以彰显恩德。（ ）

5. 移跸，移驾的意思。跸，古代帝王出行时清道，禁止行人来往。驻跸，指帝王出行途中停留暂住。（ ）

6. 召对，指古代的君王召见臣下，让他们回答有关政府施政的相关事务、经书典籍的义理等方面的一些问题。（ ）

7. 幸，指封建帝王到达某地。"幸"有"召幸"与"近幸"之分，前者多指帝王对臣下的召见，后者则特指皇帝对嫔妃的临幸。（ ）

8. 封邑指古时帝王赐给诸侯、功臣以领地或食邑，被封邑的人通常只负责收取其领地的租赋。（ ）

9. 监国，指古代皇帝因故不能亲理国事，指定留守宫廷代为处理国事的人选。
（ ）

10. 夺俸，俸即俸禄，是官员所得的薪金，夺俸是一种惩罚措施，指官吏因过失而被罚扣其俸禄。（ ）

11. "幸其第"中的"幸"特指皇帝亲临某地，"幸其第"的意思就是皇帝到他的宅第去。（ ）

12. 践位，指帝王登上帝位，表示帝王登基的词汇还有"践祚""践极""履至尊""继位""坐朝"等。（ ）

13. 中兴，通常指国家在经历乱世或衰世之后，重新走上治世乃至盛世之路。
（ ）

14. 宫市，旧制，宫廷里需要的日用品，由官府承办，向民间采购。中唐以后，宫市改由太监直接办理。（ ）

15. 复辟，指失位的君主复位，或被消灭的制度复活；也可意指恢复。（ ）

16. "当路"既可以指执掌政权，也可以指掌权之人。（ ）

17. 诣阙指奔赴皇宫、朝廷或都城。阙,原指帝王宫殿的台阶,后引申为皇帝的居处,又可代称朝廷、京城。（　　）

第四节　民间活动

一、计时

古代计时方法				
纪年法	年次纪年法	纪日法	干支纪日法
	年号纪年法		月相纪日法
	干支纪年法		干支、月相兼用法
	生肖纪年法		
纪月法	序数纪月法	纪时法	地支纪时法
	地支纪月法		更点纪时法
	农历时节纪月法		漏壶计时法

(一) 纪年法

1. 年次纪年法

以王公在位年数来纪年。如《左传·殽之战》"三十三年春,秦师过周北门","三十三年"指鲁僖公三十三年。《廉颇蔺相如列传》"赵惠文王十六年,廉颇为赵将"。

2. 年号纪年法

汉武帝时起开始有年号,此后每个皇帝即位都要改元,并以年号纪年。如《岳阳楼记》"庆历四年春"、《琵琶行》"元和十年"、《游褒禅山记》"至和元年七月某日"、《石钟山记》"元丰七年"。

3. 干支纪年法

如《五人墓碑记》"予犹记周公之被逮,在丁卯三月之望",此处的"丁卯"指公元1627年;《〈黄花岗七十二烈士事略〉序》"死事之惨,以辛亥三月二十九日围攻两广督署之役为最",此处的"辛亥"指公元1911年;近世还常用干支纪年来表示重大历史事件,如"甲午战争""戊戌变法""庚子赔款""辛丑条约""辛亥革命"等。

4. 生肖纪年法

子鼠,丑牛,寅虎,卯兔,辰龙,巳蛇,午马,未羊,申猴,酉鸡,戌狗,亥猪。

(二)纪月法

1. 序数纪月法

如《采草药》"如平地三月花者,深山中则四月花",《〈指南录〉后序》"是年夏五","五"就是五月。

2. 地支纪月法

古人常以十二地支配称十二个月,每个地支前要加上特定的"建"字。如杜甫《草堂即事》"荒村建子月,独树老夫家","建子月"按周朝纪月法指农历十一月。庾信《哀江南赋》"以戊辰之年,建亥之月,金陵瓦解","建亥"即农历十月。

3. 农历时节纪月法

农历各月还有月令别名,如下:

正月:端月,元月,寅月;**二月**:花月,仲阳,杏月,仲春;**三月**:桐月,佳月,季阳,桃月。

四月:梅月,清和,麦月,孟夏;**五月**:皋月,蒲月,榴月,仲夏;**六月**:

积月，荷月，伏月，季夏。

七月：相月，瓜月，巧月，凉月，孟秋；**八月**：壮月，桂月，观月，仲秋；**九月**：玄月，菊月，剥月。

十月：阳月，良月，坤月，孟冬；**十一月**：德月，葭月，龙潜，仲冬；**十二月**：腊月，涂月，季冬。

如《古诗十九首》"孟冬寒气至，北风何惨栗"，"孟冬"指农历十月；陶渊明《拟古九首》"仲春遘时雨"，"仲春"指农历二月。

（三）纪日法

1. 干支纪日法

如《殽之战》"夏四月辛巳，败秦军于殽"，"四月辛巳"指农历四月十三日；《石钟山记》"元丰七年六月丁丑"，即农历六月九日；古人还单用天干或地支来表示特定的日子，如《礼记·檀弓》"子卯不乐"，"子卯"代指恶日或忌日。

2. 月相纪日法

指用"朔、朏、望、既望、晦"等表示月相的特称来纪日。每月第一天叫朔，每月初三叫朏，月中叫望（小月十五日，大月十六日），望后这一天叫既望，每月最后一天叫晦。如《祭妹文》"此七月望日事也"，《五人墓碑记》"在丁卯三月之望"，《赤壁赋》"壬戌之秋，七月既望"，《与妻书》"初婚三四个月，适冬之望日前后"。

3. 干支、月相兼用法

干支置前，月相列后。如《登泰山记》"戊申晦，五鼓，与子颖坐日观亭"。

（四）纪时法

1. 地支纪时法

十二地支纪一昼夜24小时为十二时辰。

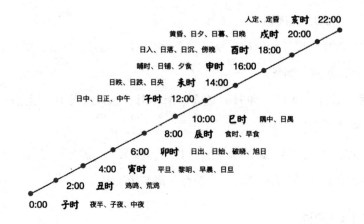

2. 更点计时法

更点计时法

一更·一鼓·甲夜	19:00～21:00
二更·二鼓·乙夜	21:00～23:00
三更·三鼓·丙夜	23:00～01:00
四更·四鼓·丁夜	01:00～03:00
五更·五鼓·戊夜	03:00～05:00

这种计时法出现较晚，专用于计夜间时间。"更"与"点"是两种计时单位。

先说"更"。古人把一夜分为五个时辰，夜里的每个时辰被称为"更"。一夜即为"五更"，每"更"为现今的两个小时。一更是 19 点至 21 点，二更是 21 点至 23 点……以此类推。如"四更造饭，五更开船"，相当于现在的后半夜 1 时至 3 时做饭，3 时至 5 时开船。

再说"点"。把一夜分为五更，按更击鼓报时，又把每更分为五点。每更就是一个时辰，相当于现在的两个小时，即 120 分钟，所以每更里的每点只占 24 分钟。

3. 漏壶计时法

漏壶分播水壶和受水壶两部。播水壶分二至四层，均有小孔，可滴水，水最后流入受水壶，受水壶里有立箭，箭上分 100 刻，箭随蓄水逐渐上升，露出刻数，以显示时间。一昼夜 24 小时为 100 刻，即相当于现在的 1440 分钟。可见每刻相当于现在的 14.4 分钟。

模拟自测

（请仔细阅读下列选项，勾选出不正确的选项）

1. 望，古人根据月亮盈亏变化纪日，如晦、朔、望等，"望"指农历每月十五日。（　　）
2. 古代纪年常用干支纪年法、年号纪年法和王公年次纪年法等，"景云二年"属于年号纪年法。（　　）
3. 朔方军，唐朝边疆地区的一支军队，"朔"在空间上指东方，在时间上指农历每月初一。（　　）
4. 戌，地支的第十位，可与天干搭配来纪年、月、日、时。（　　）
5. 正朔，一年的第一天。古代改朝换代，新立帝王都要改定正朔，新颁历法。（　　）
6. 晦指农历每个月的第一天，朔日的前一天，如庄子《逍遥游》"朝菌不知晦朔，蟪蛄不知春秋，此小年也"。（　　）
7. "日中"是我国古代计时的十二时辰之一，又名日正、中午，相当于现在的中午 12 点钟。（　　）
8. 五鼓，也叫五更或五夜。因古代民间把夜晚分成五个时段，用鼓打更报时，故得名。五鼓时分，即凌晨 5 点到 7 点。（　　）
9. 申，十二地支中的一个，可以用来计时。寅，也是十二地支之一。（　　）
10. 丙辰，使用了中国传统纪年法中的干支纪年法，干支纪年中的第 53 年称丙辰年。（　　）
11. 甲午，甲是地支之一，午是天干之一，"甲午"用的是天干地支纪日法。（　　）

二、民生

 知识精讲

（一）交际礼法

1.【寿】向人敬酒或献礼。

2.【祖】临行祭路神，引申为饯行和送别。

3.【投刺】古代礼节，通报姓名以求相见或表示祝贺。后亦指留下名帖表示解职告退。刺，指名刺或名帖，也就是现代的名片。

4.【执贽】古代交际礼仪，拜谒尊长及走亲访友时必携见面礼物，始于周代。"贽"亦写作"挚"，即礼品。

5.【郊迎】古代出郊迎宾，以示隆重、尊敬。

6.【定省】指子女早晚向亲长问安，也泛指探望问候父母或亲长。

7.【座次尊卑】古时官场座次尊卑有别，官高为尊居上位。不同朝代尊位不同，比如，战国时代赵国以右为尊；而古代大多时候以左为尊，列坐时，空着左边的位置以待宾客，称"虚左"。

8.【身份尊卑】古代二十五家为一闾，贫者居于闾左，富者居于闾右，因此称贫民为闾左，称贵族为右族或豪右。

9.【免冠】脱去帽子，古时可以表示敬意，也可以表示谢罪。

10.【倾盖】途中相遇而停车交谈，车盖靠在一起，常用以形容初交相得，一见如故。

（二）文化娱乐

1.【酒令】酒席上的一种助兴游戏，一般在席间推举一人为令官，余者听令轮流说诗词、联语等，违令者或负者罚饮，行令者又称"酒司令"。

2.【投壶】古代士大夫宴饮时做的一种投掷游戏，也是一种礼仪。在战国时期较为盛行，在唐朝得到了发扬光大。玩法是把箭向壶里投，投中多的为胜，负者照规定的杯数喝酒。

3.【曲水流觞】把酒杯放在弯弯曲曲的水中顺水漂流,酒杯停在谁的面前,谁就取杯喝酒。

(三)器物

1. 食器

(1)俎:长方形砧板。

(2)簋:古代盛食物的器具,圆口,双耳。

(3)鼎:古代烹煮用的器物,一般是三足两耳。

(4)豆:流行于春秋战国时期,开始时用于盛放黍、稷等谷物,后用于盛放腌菜、肉酱等调味品。

(5)盂:盛饮食或其他液体的圆口器皿。

(6)箸:筷子。

(7)镬:古时指无足的鼎,又指烹人的刑具。

2. 量器

(1)升:古代量粮食的器具。

(2)斗:十升为一斗。

(3)斛:旧量器名,十斗(后改为五斗)为一斛。

(4)石:旧量器名,十斗为一石。

3. 家具

(1)床:古代坐具。

(2)席:用草或苇子编成的成片的东西,古人用以坐、卧。

(3)榻:坐卧的家具,与床相比,榻较为低而窄;床周围有围栏,而榻无围栏。

(4)几:古代室内设几,几为长方形,不高,主要为坐时凭依以作休息。

(5)案:指木制的盛食物的矮脚托盘,亦指长方形的桌子或架起来代替桌子用的长木板。

4. 酒器

（1）尊：今作樽，一种盛酒器，敞口，高颈，圈足。

（2）爵：用来温酒的酒器，下有三足，可升火温酒。

（3）角：开口呈两尖角形的饮酒器，与爵相似。

（4）觥：一种盛酒、饮酒兼用的器具，像一只横放的牛角，有盖，多作兽形。

（5）卮：一种盛酒器。

（四）节气节日

1. 传统节日

中国传统节日，是中华民族悠久历史文化的重要组成部分，形式多样、内容丰富。中国的传统节日主要有春节（农历正月初一）、元宵节（农历正月十五）、龙抬头（农历二月初二）、社日节（约在农历二月初二或八月）、上巳节（农历三月初三）、寒食节（冬至后的第105或106天）、清明节（公历4月5日前后）、端午节（农历五月初五）、七夕节（农历七月初七）、中元节（农历七月十五）、中秋节（农历八月十五）、重阳节（农历九月初九）、下元节（农历十月十五）、冬至（公历12月21~23日）、除夕（农历十二月廿九或三十）等。

（1）春节

时间：汉代前春节为干支历的立春，后来演变为夏历正月初一（即农历正月初一）。现今春节时间，狭义指农历正月初一，广义指农历正月初一至正月十五。

别称：岁首、新春、新岁、新年、新禧、年禧、大年等，口头上又称度岁、庆岁、过年、过大年等。

春节，即农历新年，是一年之岁首、传统意义上的年节。春节历史悠久，由上古时代岁首祈年祭祀演变而来。春节的起源蕴含着深邃的文化内涵，在传承发展中承载了丰厚的历史文化底蕴。春节期间，全国各地举行各种庆贺新春活动，带有浓郁的地域特色，这些活动以除旧布新、驱邪禳灾、拜神祭祖、纳福祈年为主要内容，形式丰富多彩，凝聚着中华传统文化精华。

（2）元宵节

时间：农历正月十五。

元宵节，又称灯节、小正月、元夕、上元节。根据道教"三元"的说法，正月十五又称为"上元节"。正月是农历的元月，古人称"夜"为"宵"，正月十五是一年中第一个月圆之夜，所以又称正月十五为"元宵节"。元宵节习俗自古以来就以热烈喜庆的观灯习俗为主。正月十五燃灯习俗的兴起与佛教东传有关，唐朝时佛教大兴，仕官百姓普遍在正月十五这一天"燃灯供佛"，佛家灯火于是遍布民间，从唐代起元宵张灯即成为法定之事。

由于元宵有张灯、看灯的习俗，民间又习称为"灯节"。元宵节还有赏花灯、吃汤圆、猜灯谜、放烟花等一系列传统民俗活动。

（3）龙抬头

时间：农历二月初二。

龙抬头，又称春耕节、农事节、青龙节、春龙节等。"龙"指的是二十八宿中的东方苍龙七宿星象，每岁仲春卯月之初，"龙角星"就从东方地平线上升起，故称"龙抬头"。在农耕文化中，"龙抬头"标示着阳气生发，雨水增多，万物生机盎然，春耕由此开始。自古以来，人们将龙抬头日作为一个祈求风调雨顺、驱邪禳灾、纳祥转运的日子。

（4）社日节

时间：农历二月初二或八月。

社日节，又称土地诞，是古老的中国传统节日，社日分为春社和秋社。古时的社日节期依据干支历法来定，后来因历法变动改用农历定节期。春社按立春后第五个戊日（戊，五行属土）推算，一般在农历二月初二前后，秋社按立秋后第五个戊日推算，约在农历八月。

（5）上巳节

时间：农历三月初三。

上巳节的历史由来已久，在上古时代已成为大规模的民俗节日，春和景明，人们走出家门，结伴去水边沐浴，称为"祓禊"，此后又增加了祭祀宴饮、曲水流觞、郊外游春等内容。

上古时代以干支纪日，三月上旬的第一个巳日，谓之上巳。魏晋以后，上巳节改为农历三月初三，故又称"重三"或"三月三"。宋代以后，三月三上巳节在北方销声匿迹，不见于文献记载，但在南方的西南部分地区依旧流传。

（6）寒食节

时间：冬至后的第105或106天

寒食节，亦称禁烟节、冷节、百五节。这日禁烟火，只吃冷食，所以叫作"寒食节"。在民间传说中寒食节虽与介子推有关，但寒食起源，并非为纪念介子推，而是沿袭了上古的改火旧习，古人认为，每年不能用同一个火种，火用久了就要熄灭，需要重新取火。在换火仪式中，新火与旧火不能相见，要先熄灭旧火，再迎接新火。

寒食节由两项内容组成，一个是官方的改火仪式，一个是民间的禁火寒食。冷食折射出先民曾经历过的食物匮乏阶段，改火仪式则标志着新耕作期的开始。

早期寒食节的日期不定，大约在魏晋时期固定在冬至后的第105或106天，主要的习俗是禁火、冷食。到了南北朝时，其节日的内容开始增加，据《荆楚岁时记》记载，那时的寒食节习俗已有挑菜、镂鸡子、斗鸡和蹴鞠等。唐代寒食节的一项重要活动是上坟祭奠先祖，寒食节上坟的习俗在唐代兴起后，得到了官方的认可，并成为礼制。

（7）清明节

时间：公历（阳历）4月5日前后。

清明节，又称踏青节、行清节、三月节、祭祖节等，节期在仲春与暮春之交。清明节源自上古时代的祖先信仰与春祭礼俗，兼具自然与人文两大内涵，既是自然节气点，也是传统节日。这一时节，生气旺盛、阴气衰退，万物"吐故纳新"，大地呈现春和景明之象，正是踏青春游与行清墓祭的好时节。清明祭祖节期很长，有10日前8日后及10日前10日后两种说法，这近20天内均属清明祭祖节期内。

（8）端午节

时间：汉代前为干支历午月午日，汉代后演变为农历五月初五。

端午节，又称端阳节、重午节、午日节、龙舟节、正阳节、浴兰节、天医节、天中节等，是先民创立的，用于拜祭龙祖、祈福辟邪的节日。端午节源自天象崇拜，由上古时代的祭龙演变而来。仲夏端午，苍龙七宿飞升至正南中天，是龙飞天的吉日，即如《易经·乾卦》第五爻的爻辞曰："飞龙在天。"端午日龙星既"得中"又"得正"，乃大吉大利之象。端午节的起源涵盖了古老星象文化、人文哲学等多方面内容，蕴含着深邃丰厚的文化内涵。

端午节的节俗以祈福纳祥、压邪禳灾等形式展开，内容丰富多彩，热闹喜庆。祈福纳祥类习俗主要有扒龙舟、祭龙、放纸龙等，压邪禳灾类习俗主要有挂艾草、浸龙舟水、洗草药水、拴五色彩线等，节庆食品主要有粽子、五黄等。在传统节日中，论民俗之繁多复杂，或只有端午节能和春节相比拟。

（9）七夕节

时间：农历七月初七。

七夕节，又称七巧节、七姐节、女儿节、乞巧节、七娘会、巧夕、牛公牛婆日、双七等，是中国民间的传统节日，为传统意义上的七姐诞，因拜祭活动在七月七日晚上举行，故名"七夕"。拜七姐、祈福许愿、乞求巧艺、坐看牵牛织女星、祈祷姻缘、储七夕水等，是七夕的传统习俗。

在发展过程中，七夕被赋予了"牛郎织女"的美丽爱情传说，因被赋予了与爱情有关的内涵，七夕节成了象征爱情的节日，被认为是中国最具浪漫色彩的传统节日，在当代更是产生了"中国情人节"的文化含义。

（10）中元节

时间：农历七月十五。

中元节是道教名称，民间俗称其为七月半、七月十四、祭祖节，佛教称其为盂兰盆节。节日习俗主要有祭祖、放河灯、祀亡魂、焚纸锭、祭祀土地等。它的产生可追溯到上古时代的祖灵崇拜以及相关时祭。七月乃吉祥月、孝亲月，七月半是民间初秋庆贺丰收、酬谢大地的节日，有若干农作物成熟，民间按例要祀祖，用新稻米等祭供，向祖先报告秋成。该节是追怀先人的一种传统文化节日，其文化核心是敬祖尽孝。

（11）中秋节

时间：农历八月十五。

中秋节，又称月夕、秋节、仲秋节、拜月节、团圆节等，是中国传统节日。中秋节源自天象崇拜，由上古时代秋夕祭月演变而来。中秋节自古便有祭月、赏月、吃月饼、玩花灯、赏桂花、饮桂花酒等民俗，流传至今，经久不息。

中秋节起源于上古时代，定型于唐朝初年，盛行于宋朝。至明清时，中秋已与年节齐名，成为中国民间的主要节日之一。中秋节以月之圆兆人之团圆，是寄托思念故乡及亲人之情，祈盼丰收、幸福的弥足珍贵的文化遗产。

（12）重阳节

时间：农历九月初九。

《易经》中把"九"定为阳数，"九九"两阳数相重，故曰"重阳"；因日与月皆逢九，故又称为"重九"。

九九归真，一元肇始，古人认为九九重阳是吉祥的日子。古时民间在重阳节有登高祈福、秋游赏菊、佩插茱萸、拜神祭祖及饮宴求寿等习俗。传承至今，又添加了敬老等内涵，于重阳之日享宴高会，感恩敬老。登高赏秋与感恩敬老是当今重阳节日活动的两大重要主题。据现存史料及考证，重阳节的源头，可追溯到上古时代。

（13）寒衣节

时间：农历十月初一。

寒衣节，又称十月朝、祭祖节、冥阴节、鬼头日等。我国北方地区将寒衣节与每年春季的清明节、七月十五的中元节合称为中国的三大"鬼节"。寒衣节是我国传统的祭祀节日，相传起源于周代。寒衣节流行于北方，不少北方人会在这一天祭扫，纪念仙逝亲人，谓之送寒衣。同时，这一天也标志着严冬的到来，所以也是为父母亲人送御寒衣物的日子。

（14）冬至

时间：公历 12 月 22 日左右。

冬至，又称日短至、冬节、亚岁、拜冬等，兼具自然与人文两大内涵，既是二十四节气中一个重要的节气，也是中国民间的传统节日。冬至是四时八节之一，被视为冬季的大节日，在古代民间有"冬至大如年"的讲法，所以古人称冬至为"亚岁"。冬至习俗因地域不同而又存在着内容或细节上的差异。在中国南方沿海部分地区，有冬至祭祖、宴饮的习俗；在中国北方地区，每年冬至日有吃饺子的习俗。

（15）腊八节

时间：农历十二月初八。

腊八节，俗称腊八，主要流行于我国北方，节日习俗是喝腊八粥。腊八是佛教盛大的节日之一，这天是佛祖释迦牟尼成道之日，又称为法宝节、佛成道节、成道会等。腊八一词源于南北朝时期，当时又称腊日，本为佛教节日，后经历代演变，逐渐成为家喻户晓的民间节日。

（16）小年

小年，并非专指一个日子，由于各地风俗不同，被称为小年的日子也不尽相同。小年期间主要的民俗活动有扫尘、祭灶等。清朝前期和中期，祭灶一直是腊月二十四，而且至少到乾隆时期，都是腊月二十四祭祀。从清朝中后期开始，帝王家就于腊月二十三举行祭天大典，为了节省开支，顺便把灶王爷也给拜了，北方地区民间百姓相互效仿，也多在腊月二十三过小年。南方大部分地区，仍然保持着腊月二十四过小年的古老传统。

（17）除夕

时间：农历十二月二十九或三十。

除夕，为岁末的最后一天夜晚。岁末的最后一天称为岁除，意为旧岁至此而除，另换新岁。除，即去除之意；夕，指夜晚。除夕是岁除之夜的意思，又称大年夜、除夕夜、除夜等。除夕作为年尾的节日，源自上古时代岁末除旧布新、祭祀祖先的风俗。除夕是除旧布新、阖家团圆、祭祀祖先的日子，与清明节、七月半、重阳节同为中国民间传统的祭祖大节。除夕因常在农历十二月二十九或三十日,故又被称为大年三十。岁除之日,民间尤为重视,家家户户清扫庭舍,除旧布新,张灯结彩,迎祖宗回家过年,并以年糕、三牲饭菜及三茶五酒奉祀。

2. 二十四节气

节气,是干支历中表示自然节律变化以及确立"十二月建"(月令)的特定节令。二十四个节气分别为:立春、雨水、惊蛰、春分、清明、谷雨、立夏、小满、芒种、夏至、小暑、大暑、立秋、处暑、白露、秋分、寒露、霜降、立冬、小雪、大雪、冬至、小寒、大寒。节气中的立春、惊蛰、清明、立夏、芒种、小暑、立秋、白露、寒露、立冬、大雪、小寒,分别为干支历的寅月、卯月、辰月、巳月、午月、未月、申月、酉月、戌月、亥月、子月、丑月的起始。

节气歌

春雨惊春清谷天,夏满芒夏暑相连。

秋处露秋寒霜降,冬雪雪冬小大寒。

每月两节不变更,最多相差一两天。

上半年来六廿一,下半年是八廿三。

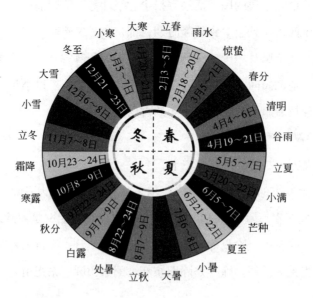

第四章　礼仪制度

模拟自测

（请仔细阅读下列选项，勾选出不正确的选项）

1. 倾盖，途中相遇停车交谈，车盖靠在一起，常用以形容初交相得，一见如故。（　　）

2. 女红，即女工、女功，旧时指妇女所做的纺织、缝纫、刺绣之事及相关成品。（　　）

3. 漕运，中国封建王朝将征自田赋的部分粮食经水路解往京城或其他指定地点的运输方式。漕运方法历经改革，在明代趋于完善。（　　）

4. 桑梓，古代人们喜欢在住宅周围栽植桑树和梓树，后人往往用"桑梓"代指故乡。（　　）

5. 传，指驿站，也可指驿站所备的车马。（　　）

6. 故事，在文言文中指先例、惯例。管理者处理行政事务时，除以法律法规外，还按照一定的先例、惯例行事。（　　）

7. 免冠，脱去帽子，古时可用以表示敬意，也可以表示谢罪。（　　）

8. 斛，容量单位，南宋以前，十斗为一斛，南宋末年改作五斗一斛。（　　）

9. 漕挽，"漕"指水路运输，"挽"指陆路运输。"漕挽"指水陆运输。（　　）

10. 尊俎，指古代盛酒肉的器皿，后为宴席代称，尊是置肉之几，俎是盛酒器。（　　）

11. 图籍，也称图簿，即地图和户口册，代指疆土和人口。（　　）

12. 仓廪在古代指储藏谷物的仓库，是专为灾荒之年用于赈济百姓而设立的。（　　）

13. 入贡有两种含义：一是指向朝廷进献财物土产，二谓贡生入京参加会试。（　　）

14. 传舍，原为战国时贵族供门客食宿的地方，后泛指行人居住的旅舍，如"广成传舍"。（　　）

15. 城隍，"城"的本义是城邑四周的墙垣，"隍"指没有水的护城壕。（　　）

16. 交子，宋代发行的一种纸币，可以兑现，便于流通。（   ）

17. 苑囿，指划定一定范围的（如墙垣等），具有畜养禽兽、游赏等功能的皇家专属领地。（   ）

18. 粟即小米，也称"稷"，是中国古代主要粮食作物，可泛指粮食，古人用"社稷"代指国家。（   ）

19. 春秋二社，即春秋两季的社日。社日，是古代劳动人民祭祀土地神的节日，其标志性习俗是祭祀和宴饮。（   ）

20. 百斛，泛指多斛。斛，量器，方形，口小，底大，容量本为十斗，后来改为五斗。（   ）

21. 上巳日，农历三月上巳节形成于春秋末期，魏晋以后改为农历的三月三日。上巳节的习俗活动有水边的祭祀仪式（称为"祓"或"禊"），也可春嬉郊游。（   ）

22. 五品，即"五常"，指仁、义、礼、智、信，是用以规范人伦关系的行为准则。（   ）

23. 古人迷信，认为一些自然的变化和人世的吉凶祸福有关，把星象的异常变化叫"星变"。（   ）

24. 义庄，旧时多指某些较富有的族人拨出部分田地，作为宗族的田产，以供祭祀、办学、救济本族孤寡等费用。（   ）

25. 漕运，有河运、水陆递运和海运三种，一般指通过运河并沟通天然河道转运漕粮。（   ）

26. 织造是明清于苏杭等地设立的负责织造衣料、制帛以供皇帝及宫廷之用的专局。（   ）

27. 帑廪，粮仓钱库的意思，"帑"指官府储藏粮食的仓库，"廪"指官府收藏钱财的库房。（   ）

28. 互市指中国历史上中央王朝与外国或异族之间的贸易，汉朝时期出现最早的互市，有名的如明朝的"茶马互市"等。（   ）

第五节 古代刑罚

知识精讲

一、奴隶制五刑

奴隶制五刑是指墨、劓、膑、宫、大辟五种刑罚。

奴隶制五刑作为中国奴隶时代具有代表性的刑罚，始于夏，发达于商周，影响及至三国两晋南北朝，延续了数千年之久，是一种野蛮的、残忍的、不人道的、故意损伤受刑人肌体的刑罚。

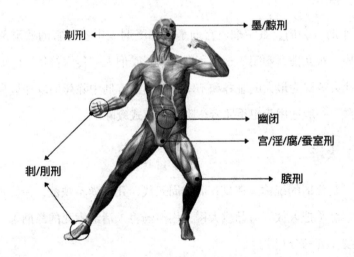

（一）墨刑

墨刑又称黥刑，是在罪人面上或额头上刺字，再染上墨，作为受刑人的标志，伤好后留下深色的伤疤。这种墨刑既是刻人肌肤的身体刑，又是使受刑人蒙受耻辱、使之区别于常人的一种耻辱刑。墨刑是五刑当中最轻的一种刑罚。汉文帝废除肉刑后，经过魏晋隋唐，都没有此刑，但五代和宋又恢复，辽金元明清都有刺面刑，但有的轻罪则刺胳膊，清朝光绪末期，彻底废除。

（二）劓刑

指割去受刑人的鼻子。鼻子是人的重要器官，而且与人的尊严密切相关，因此劓刑较墨刑为重。毁掉人体重要器官是奴隶制时期最为经常的一种处罚方法，后来演变成一种固定的刑罚。汉文帝废除肉刑后，用笞三百代替，后来，又减少了笞数。此后，该刑不再出现。

（三）膑刑

指剔去人的膝盖骨，孙膑就曾受此刑。起源于夏，后在西周演变为九刑中膑刑的代替刑罚，荆刑——砍脚。刖，夏朝称膑，周时称刖，秦朝称为斩趾。

（四）宫刑

又称淫刑、腐刑、蚕室刑。宫刑是破坏受刑人生殖器官的残酷刑罚。对男性为去势，对女性为幽闭。这种宫刑剥夺了受刑人"传宗接代"的能力，在中国古代社会被视为最大的耻辱和不幸，因而是五刑中除死刑以外最为残酷和最重的刑罚，一般适用于犯重罪者。隋朝时正式废除。

（五）大辟

大辟，是死刑的统称。在夏、商、周三代，死刑尚不规范，种类很多。

1. 戮、烹（把人放入大鼎或大镬，用滚汤将人活活煮死的酷刑）。

2. 车裂（五马分尸）。

3. 枭首（砍头后悬挂示众）。

4. 弃市（闹市斩首后暴尸于众）。

5. 绞、陵迟（也写作凌迟），指处死人时将人身上的肉一刀刀割去，是一种肢解的惩罚，即包含身体四肢的切割、分离。

6. 腰斩，用重斧从腰部将犯人砍作两截。

7. 炮烙，在铜柱上涂油，下加炭火烤热，令有罪者行走其上，最终坠入炭火中烧死。

8. 醢刑，将受刑人捣成肉酱，又称菹刑。

9. 脯刑，将受刑人杀死并晒成肉干。

二、封建制五刑

封建制五刑在隋唐以前已经存在，到了隋唐正式作为法定刑罚使用，分别为笞、杖、徒、流、死。

（一）笞

笞打，五刑中最轻的一种。《唐律疏议》所述："笞者，击也，又训为耻。言人有小愆，法须惩戒，故加捶打以耻之。"可见唐代笞刑带有耻辱与教育刑结合使用的含义。笞分为五种等级：一十、二十、三十、四十、五十。

（二）杖

杖刑重于笞刑，是用三尺五寸长的竹杖击打犯人的背、腿、臀部，带有身体刑的性质。隋朝时定为法定刑，也分五等：六十、七十、八十、九十和一百，清朝末年法律改革时废除。

（三）徒

"徒者，奴也，盖奴辱之。"即让犯人戴枷或束钳，剥夺其自由，强制服劳役。这种剥夺罪犯人身自由，并强制服役施以耻辱的刑罚显然比杖刑要重。京城的徒刑犯，分男女送将作监或少府监；在地方，则送往官府服各类杂役。分五等：一年、一年半、两年、两年半、三年。唐朝不附加杖刑，而宋朝则加脊杖。

（四）流

流刑是仅次于死刑的惩罚手段，指将犯人流放到边远地区，并强制其戴枷或束钳服苦役。隋朝的流刑分三等：一千里、一千五百里、二千里，分别服劳役二年、二年半和三年。唐朝则分别为二千里、二千五百里、五千里，但服劳役时间减少，都是一年。

（五）死

隋唐之后，死刑一般是两种：绞和斩。同以往各代残酷的死刑相比，唐代法定的绞、斩刑，还是生命刑中较为轻缓的两种。宋理宗时加上了凌迟，明清加枭首。

三、常见刑罚

（一）囹圄：指监狱，如成语"身陷囹圄"。

（二）诏狱：就是由皇帝直接掌管的监狱，意为此监狱的罪犯都由皇帝亲自下诏书定罪，如明代的锦衣卫就是诏狱的一种。

（三）系狱：囚禁于牢狱。

（四）桎梏：中国古代的一种刑具，在手上戴的为梏，在脚上戴的为桎。

（五）收考：指拘捕拷问。收指拘捕犯人；考通拷，指拷打。

（六）配戍：配指发配，即流放到某地；戍指戍守，指作为兵士戍守该地。

四、刑罚制度

（一）连坐：指因他人犯罪而使与犯罪者有一定关系的人连带受刑的制度。又称相坐、随坐、从坐、缘坐。

（二）株连：指一人有罪而牵连他人。株连九族，就是一人犯死罪，家族成员与其共同承担刑事责任的刑罚制度，九族指父四族、母三族、妻二族。

（三）抄家：指搜查并没收家产。

（四）族诛：又叫灭族，一人犯死罪而连及其父母妻子等整个家族被杀。当其中一位家庭成员犯下通番卖国、欺君犯上、密谋造反等滔天死罪时，对其家族施以此酷刑。有诛三族、诛九族之说。

（五）勾决：中国封建法律中一种执行死刑的司法程序。各地作出死刑判决,经复审后,呈报皇帝核准,皇帝如将死囚姓名勾去就表示核准,称勾决。

(六)大决:封建时代,在每年的秋季对判死刑的人行刑,叫大决,又叫秋决。凡被判处死刑者,由中央司法机关复审后,还必须报请皇帝作出勾去死囚姓名的裁决。经御笔勾除者,才发勾决批文,通知行刑正法。

直通真题

(请仔细阅读下列选项,勾选出不正确的选项)

「2019 新课标Ⅱ卷」D. 黥是古代的一种刑罚,在犯人脸上刺上记号或文字并涂上墨,在刑罚之中较轻。 ( )

「2018 新课标Ⅲ卷」B. "株",本义树根,根与根间紧密相连,因而"株连"又指一人有罪而牵连他人。 ( )

「2017 新课标Ⅱ卷」B. 收考,指先行将嫌犯拘捕关进监狱,然后再作考察,进行犯罪事实的取证工作。 ( )

模拟自测

(请仔细阅读下列选项,勾选出不正确的选项)

1. 廷杖,明代皇帝惩处官员的一种酷刑。杖责朝臣于殿阶之下,以致有当廷被杖死者。 ( )
2. 笞,用竹板或荆条拷打犯人脊背或臀腿的刑罚。笞又可以解释为"耻",对犯小过失的人施刑羞辱。 ( )
3. 诏狱,奉皇帝诏令拘禁犯人的监狱,此监狱的罪犯都由皇帝亲自下诏书定罪。 ( )
4. 弃市,自商周时即有的一种死刑,具体指在众人集聚的闹市,对犯人执行死刑,以示为大众所弃的刑罚。 ( )
5. 族诛,古代社会死刑中的一种,当一位家庭成员犯下通番卖国、密谋造反

等滔天死罪时，对其家族施以此酷刑。（　　）

6. 诏狱，指奉皇帝命令拘押犯人的监狱，也指需皇帝下诏书才能系狱的案件。（　　）

7. 赦，帝王以施恩的名义赦免所有的犯人。如皇帝登基、更换年号、立皇后、立太子或者遭遇天灾等情况下，常常会颁布赦令。（　　）

8. 黥、刖、劓、杖、笞、髡等均是古代刑罚，轻重不一，其中刖比黥轻。（　　）

9. 三木，桎、梏、拲合称"三木"，可以枷在犯人颈、手、足三处的刑具，因为是木制的所以称为三木，一般借指较重的罪行。（　　）

10. 对簿，指受审问。簿，文书，相当于现在的诉状。在古代审讯时，依据状文核对事实，故称对簿。（　　）

11. 籍没是对罪犯家产清查登记予以没收的制度，古代妻儿家眷等如同财物，在籍没之列。（　　）

12. 枭首，古代酷刑。古代酷刑种类众多，如车裂、腰斩等。枭首为斩头并悬挂示众。（　　）

第五章

古代地理

知识精讲

一、国家总称

【中国】从春秋战国至宋元明清,多用来泛指中原地区。如孟子《齐桓晋文之事》:"莅中国而抚四夷也。"司马光《赤壁之战》:"若能以吴越之众与中国抗衡,不如早与之绝。"

【中华】上古时期华夏族居住在四方之中的黄河流域一带,故称"中华",后常用来泛指中原地区。如《三国志》:"其地东接中华,西通西域。"

【九州】传说中的我国上古时期划分的九个行政区域,州名分别为:冀、兖、青、徐、扬、荆、豫、梁、雍。后成为中国的别称。如陆游诗云:"死去元知万事空,但悲不见九州同。"

【赤县】古人把中国称作"赤县神州"。毛泽东词《浣溪沙·和柳亚子先生》:"长夜难明赤县天。"辛弃疾词《南乡子》:"何处望神州,满眼风光北固楼。"

【中原】又称中土、中州。狭义的中原指今河南省一带,广义的中原指黄河中下游地区或整个黄河流域。如《出师表》:"当奖率三军,北定中原。"陆游《示儿》诗:"王师北定中原日,家祭无忘告乃翁。"

【六合】上下和四方,泛指天下。如李白《古风》诗:"秦王扫六合,虎视何雄哉!"

【八荒】四面八方遥远的地方,犹称"天下"。如《过秦论》:"囊括四海之意,并吞八荒之心。"梁启超《少年中国说》:"纵有千古,横有八荒。"

【社稷】社是土地神,稷是五谷神,两者是农业社会最重要的根基。古时君主都祭祀社稷,后来就用社稷代表国家。

【廊庙】即殿下屋和太庙,代指朝廷。以具体代指抽象,这与"社稷"代指国家有异曲同工之妙。

二、河

古代的"河"专指黄河。

【西河】又称河西,黄河以西的地区。如《廉颇蔺相如列传》:"会于西河外渑池。"《过秦论》:"于是秦人拱手而取西河之外。"

三、江

【江东】因长江在安徽境内向东北方向斜流,而以此段江为标准确定东西和左右。所指区域有大小之分,可指南京一带,也可指安徽芜湖以下的长江下游南岸地区,即今苏南、浙江及皖南部分地区。如《史记·项羽本纪》:"且籍与江东子弟八千人渡江而西,今无一人还,纵江东父兄怜而王我,我何面目见之!"李清照诗云:"至今思项羽,不肯过江东。"《赤壁之战》:"兼仗父兄之烈,割据江东。"

【江左】即江东。古人以东为左,以西为右。如《群英会蒋干中计》:"即传令悉召江左英杰与子翼相见。"

【江表】长江以南地区。如《赤壁之战》:"江表英豪,咸归附之。"

【江南】长江以南的总称,所指区域因时而异。如白居易词云:"江南好,风景旧曾谙。"王安石诗云:"春风又绿江南岸,明月何时照我还。"

四、淮

【淮左】淮水东面。如《扬州慢》"淮左名都,竹西佳处",扬州在淮水东面。

五、山

【山东】顾名思义,在山的东面。但需注意的是,因"山东"之"山",可指崤山、华山、太行山、泰山等数种不同的山,而所指地域不尽相同,一般是指以崤山为标准的"山东"。如《汉书》中曾提到:"山东出相,山西出将。"《鸿门宴》:"沛公居山东时,贪于财货。"《过秦论》:"山东豪俊遂并起而亡秦族矣。"

六、关

【关东】古代指函谷关或潼关以东地区，近代指山海关以东的东北地区。如曹操《蒿里行》："关东有义士，兴兵讨群凶。"指潼关以东地区。

【关西】指函谷关或潼关以西地区。如《赤壁之战》："马超、韩遂尚在关西，为操后患。"

【关中】所指范围不一，古人习惯上将函谷关以西地区称为关中。如《鸿门宴》："沛公欲王关中，使子婴为相。"《过秦论》："始皇之心，自以为关中之固。"

【三秦】指潼关以西的关中地区。项羽灭秦后曾将此地封给秦军三位降将，故得名。如《送杜少府之任蜀州》："城阙辅三秦，风烟望五津。"

七、西域

【西域】指我国新疆及其以西地区。

八、五岭

【岭峤】五岭的别称，指越城、都庞、萌渚、骑田、大庾等五岭。如《采草药》："岭峤微草，凌冬不凋。"（这里特指两广一带）。

九、北方

【朔漠】指北方的沙漠，也可单称"朔"，泛指北方。如《采草药》："朔漠则桃李夏荣。"《木兰诗》："朔气传金柝，寒光照铁衣。"朔气指北方的风。《林教头风雪山神庙》："仍旧迎着朔风回来"，指北风。

十、南方

【百越】又作百粤、诸越。古代越族居住在江浙闽粤各地，统称为百越。古文中常泛指南方地区。如《过秦论》："南取百越之地"，《采草药》："诸越则桃李冬实。"

十一、五岳

【五岳】为五大名山的总称，即东岳泰山、西岳华山、中岳嵩山、北岳恒山、南岳衡山。如《梦游天姥吟留别》："势拔五岳掩赤城。"

十二、国都及附近

【京畿】国都及其附近的地区。如《左忠毅公逸事》："乡先辈左忠毅公视学京畿。"

【三辅】西汉时本指治理京畿地区的三位官员，后指这三位官员管辖的地区。如《张衡传》："衡少善属文，游于三辅。"《记王忠肃公翱事》："公一女，嫁为畿辅某官某妻。"隋唐以后简称"辅"。

【阙下】宫阙之下，借指帝王所居的宫廷，又可指京城，和"城阙"意思相近。

十三、行政区划

【郡】古代的行政区域。秦统一天下设三十六郡，隋唐后，州郡互称，明清称府。如《过秦论》："北收要害之郡"，《琵琶行》："元和十年，予左迁九江郡司马"，《赤壁之战》："已据有六郡，兵精粮多。"

【州】参见"郡"条。如《隆中对》："自董卓已来，豪杰并起，跨州连郡者不可胜数。"《赤壁之战》："荆州之民附操者，逼兵势耳。"

【道】汉代在少数民族聚居区设道，是一种行政特区，与县相当。唐代的道，先为监察区，后演变为行政区，是州以上一级行政单位。明清在省内设道，其中守道是小行政区，而巡道只有监察区性质。《谭嗣同》"旋升宁夏道"，这里的"道"，指道的长官。

【路】宋元时期行政区划，相当于现在的省。如《永遇乐·京口北固亭怀古》："望中犹记，烽火扬州路。"

【府】唐朝至清朝的行政区划，比县高一级。

【县】周代制度："天下地方千里，分为百县而系于国。"秦代和汉代，县系于郡，把"县"作为郡级以下的行政区域的名称，意思是地方政权直系中央。

【乡遂】周制，王畿郊内置六乡，郊外置六遂。

【乡邑】秦汉以后多指县以下的小镇。

【闾里】古代城镇中有围墙的住宅区，又叫里巷，借指平民、邻居。古代二十五家为一闾。里：古代地方行政组织，自周始，后代多因之，其制不一；或二十五家为一里，或五十家为一里，甚至有一百家为一里。

十四、山水阴阳

【山水阴阳】古代以山南、水北为阳，以山北、水南为阴。《愚公移山》："指通豫南，达于汉阴。""汉阴"指汉水南面。

直通真题

（请仔细阅读下列选项，勾选出不正确的选项）

「2020新高考Ⅰ卷」A.辇下，又称为辇毂下，意思是在皇帝的车驾之下，常常用作京都的代称。（　　）

「2018新课标Ⅱ卷」D.京师是古代京城的通称，现代则称为首都。"京""师"单用，旧时均可指国都。（　　）

「2017新课标Ⅱ卷」D.京师，古代指国家的都城，《三国演义》中就经常提到"京师"，现代泛指首都。（　　）

「2016新课标Ⅰ卷」D.契丹是古国名，后来改国号为辽，先后与五代和北宋并立，与中原常发生争端。（　　）

「2016新课标Ⅲ卷」D.历史上的"两京"有多种所指，文中则指明代永乐年间迁都以后的南北两处京城。（　　）

「2017江苏卷」A.江左：文中指长江下游以东地区。古人叙地理以东为左，

以西为右，江左即江东。　　　　　　　　　　　　　　（　　）

模拟自测

（请仔细阅读下列选项，勾选出不正确的选项）

1. 社稷，"社"代表土神，"稷"代表谷神，反映了百姓的基本生存需求，后来"社稷"被用来借指国家，"民为贵，社稷次之"中的"社稷"即是此义。
　　　　　　　　　　　　　　　　　　　　　　　　　（　　）

2. 廊庙，即殿下屋和太庙，代指朝廷。以具体代指抽象，这与"社稷"代指国家有异曲同工之妙。　　　　　　　　　　　　　　（　　）

3. 幽州，古代行政区划，大致指现在的甘肃、宁夏一带，历代都是军事重镇、商交中心。　　　　　　　　　　　　　　　　　　（　　）

4. 中国，华夏族人居于黄河流域，以为居于天下之中，故称所居之地为"中国"，后指中原。　　　　　　　　　　　　　　　　（　　）

5. 山海关，也叫榆关，为明长城东部著名关口。形势险要，自古为交通咽喉和军事要地。　　　　　　　　　　　　　　　　　（　　）

6. 阙下，宫阙之下，借指帝王所居的宫廷，又可指京城，和"城阙"意思相近。
　　　　　　　　　　　　　　　　　　　　　　　　　（　　）

7. 并州，古州名，为九州之一，其地约在今河北保定和山西太原、大同一带。
　　　　　　　　　　　　　　　　　　　　　　　　　（　　）

8. 路，两宋省级行政区域名。省级行政区域名，各个朝代不同，如汉为州，唐为道。　　　　　　　　　　　　　　　　　　　　（　　）

9. 四海，古代认为中国四周环海，因而称四方为"四海"，泛指天下各处，如《论语》"四海之内，皆兄弟也"。　　　　　　　　　（　　）

10. "河"在古代特指黄河，"河内"指今河南境内黄河以北的地方，"河东"指黄河以东的地方，在今山西西南部。　　　　　　　　（　　）

11. 京畿，本意即"位于国之中央的都城"，后来指京城及其周边地区。中国

唐时有京畿道，宋时有京畿路。（　　）

12. 京畿，在古代指京城附近的地方，在周代称为"王畿"。朝代不同说法不同，但是指的都是古代都城周围地区。（　　）

13. 郡县，行政区划名。郡县制是古代中国在中央集权体制下，实行郡、县两级管理的地方行政制度。（　　）

14. 吴越，古时一般是指春秋时吴国和越国所辖的核心区域，今多指中国的江浙地区。（　　）

15. 河东指现在的山西西南部，因在黄河以东而得名，中华民族的主要发源地之一。（　　）

16. 河内，中国古代区域名称，以黄河以南为河内，而黄河以东则称河东。（　　）

17. 阳，指山的北面。古时候，山的北面或水的南面叫阳，山的南面或水的北面叫阴。（　　）

18. 两淮是个方位地理概念，泛指今天江苏和安徽两省长江淮河之间的地区。（　　）

19. 河套，指内蒙古和宁夏境内贺兰山以东、狼山和大青山以南黄河流经地区。其地历代均以水草丰美著称。（　　）

20. 关东，秦汉时指山海关以东地区，"沛公欲王关中"的"关中"则指其以西地区。（　　）

21. 岭外，又称"岭表""岭南"，是越城、都庞、萌渚、骑田、大庾等五岭以南地区的概称。（　　）

22. 社稷，古代的君主为了祈求国事太平、五谷丰登，每年要到郊外祭祀，即社稷。后来"社稷"被用来借指国家。（　　）

23. 契丹，中国古代游牧民族，源于东胡，北魏时自号"契丹"。唐朝末年，迭剌部首领阿保机统一各部族，建立辽国。（　　）

24. 府，旧时行政区划名，比县高一级，大名府、东平府都是宋朝的行政区划。（　　）

25. 里，指城市之中人口、商铺等相对集中的某一区域，类似于今天我们所说的街区。（　）

26. 三辅，汉时本指治理京畿地区的三位官员，后指这三位官员管辖的地区，在今陕西西安附近。（　）

27. 关右，地区名，古人以东为右，亦称"关东"。汉唐时泛指函谷关或潼关以东地区。（　）

28. 金陵，即现在的南京，史上曾是吴、东晋、宋、齐、梁、陈的都城，被称为"六朝古都"。（　）

29. 西域，汉代后多指玉门关、阳关以西地区，是"丝绸之路"的重要组成部分。（　）

30. 里，古代地方行政组织。自周始，后代多因之，其制不一。或二十五家为一里，或五十家为一里，甚至有一百家为一里。（　）

31. 道在唐代原属于监察区名称，后成为地方行政单位，一般为州县之上的一级行政区划。（　）

32. 藩邸，即藩王之宅第。藩王可以是宗室成员，一般拥有兵权，镇守一方。（　）

33. 河南，宋代将全国划分为若干个行省，河南是其中之一，地域与现在的河南省相当。（　）

34. 荆州在《禹贡》中是汉地九州之一，与冀、兖、青、徐、扬、豫、梁、雍并称。（　）

35. "江表"指长江以南的地区，因为从中原向南望，其地处在长江之外，所以称其为"江表"。（　）

36. 东都，指历代王朝在原京师以东的都城。隋唐时指洛阳，当时京都在长安，洛阳在长安以东，因而称"东都"。（　）

37. 关中，地名，因其西有大散关，东有函谷关，南有武关，北有萧关，故得名。（　）

38. 行在，也称行在所，指天子所在的地方，也专指天子巡行所到之地。

( )

39. 悬军，指深入敌方的孤军。悬，空无所倚的意思。"悬军深入"后来演变成成语，意思是孤立无援的军队深入到敌人战区。（　）

40. "京师"是中国古代对都城的称谓。在中国古代，国家的首都通常称为京师，近现代已不再沿用，直接称为首都。（　）

第六章　中国古代文学常识

第一节　官方文体

知识精讲

一、皇帝发布命令

（一）旨是皇帝、太后或皇后向臣民发布各类命令指示的总称。以皇帝名义发布的叫圣旨，以太后或皇后名义发布的叫懿旨。可以这么说，皇帝向臣民发布的表达皇帝个人或国家意志的一切意思表示，无论是书面的还是口头的，都叫圣旨。

（二）诏是皇帝颁发的命令。一般都以制式文书的形式发布，称诏书或诏令。诏书是皇帝代表国家意志发布的一切公文的总称，包括册文、制书、诏令、策令、玺书、敕、诰、教、谕等，诏书一般都要加盖玉玺。

（三）制是诏书的一种。秦始皇称帝时，规定把皇帝的命称"制"，令称"诏"。《后汉书·光武帝纪》有"帝之下书有四：一曰策书，二曰制书，三曰诏书，四曰诫敕，制书者制度之命也。"之说，可见"制书"是皇帝颁行国家各类典章制度的重要文书。唐以后，凡行大赏罚、授大官爵位、革除旧制、赦免降虏等皆用制书。

（四）敕也是诏书的一种。一般用于皇帝封官授爵，如敕令，就是皇帝颁赐爵位的诏令。

（五）谕也是诏书的一种。如：圣谕、谕旨。"谕"的灵活性较大一些，可以不是正规的文书，比如皇帝口头表达一种意思，就是皇帝口谕；不用行文，皇帝亲手写一个条子，就是皇帝手谕。

（六）诰起初用以指告诫之文，后用以封赠。

（七）檄，古代最初写在木简上的官方文书，用于晓谕、征召、声讨，也可特指声讨的文告。

二、臣子上奏

（一）奏：臣子向君主进言上书的统称。

奏的使用面较广，一般地说，奏是大臣对政事有所陈述、批评、建议以及对某官进行弹劾时所用的一种陈述性文书。

（二）章：章是大臣受皇帝封赠后，表示谢恩的上奏文书。

汉代时的章也有时称上章，用于谢恩的文书。东汉时这种章体又用于对皇帝的庆贺和谏议，章文程式开头称"稽首上书谢恩陈事"，文内多为对皇帝歌功颂德之词。

（三）表：表是大臣向皇帝陈述正事、表达衷情的报告性文书。

（四）议：议是臣下就重大国事向君王论说事理、表述意见的文书。

（五）疏（上疏）：疏者，通也；疏，也称奏疏，是一种就某一件事情向皇帝疏通意见，表示看法或有所匡谏的上奏文体。

（六）上书：始于战国，是臣民向君主陈述主张、见解的陈述性文书。又称上言、上辞。

（七）露布和封事

1.露布：臣民上书君主的公文名称，所言之事不涉及机密，不缄封者谓之露布，也称露板，三国以后仅用于军事获胜奏捷文书，既用于上报朝廷，又可公之于众，以广泛宣传，鼓舞士气，祝捷成功，类似于今天所说的捷报。

2.封事：密封的奏章。古时臣下上书奏事，防有泄漏，用皂囊封缄，故称。

（八）揭帖：明清两代内阁直达皇帝的一种等级很高的机密文书。

三、官员之间往来文书

（一）移文与檄文

移文与檄文虽有联系，但还是有区别的。

1.檄文常常是针对敌对面而发的，多用于声讨和征伐，文辞尖锐，重在扬己罪彼。

2.移文也称移、移书，是一种起源很早的平行文种。常常是针对内部不同意见而发，多用于晓谕和责备，文辞比较温和，重在改变对方看法。

（二）状：汉代末期出现的用于下级向上级陈述事由的文体之一。

（三）呈：下级官员和吏民向上级陈述事由的公文，类似于现代的报告，始用于宋代，明清两代使用较多。

（四）详：下级官员和吏民向上级陈述事由并请上级批答的公文。类似于今天的请示，始用于明代，盛行于清代。

直通真题

（请仔细阅读下列选项，勾选出不正确的选项）

「2019 新课标Ⅰ卷」B.诏令作为古代的文体名称，是以皇帝的名义所发布的各种命令、文告的总称。　　　　　　　　　　　　　　　　　（　　）

模拟自测

（请仔细阅读下列选项，勾选出不正确的选项）

1. 移文，官府用于征讨、晓谕或声讨的文书，也称为移书或檄文。（　　）
2. 檄是古代官府用以征召、晓谕、声讨的文书，插上鸟羽以示紧急的军事文书叫作羽檄。（　　）
3. 表，给皇帝上的奏章，如《出师表》《陈情表》等。（　　）
4. 手诏一般指帝王亲手所写的诏书，多不经别人草拟等程序而直接下达受诏人。（　　）
5. 檄，中国古代官府往来文书中一种上行文书的名称，常用于晓谕、征召、声讨等。（　　）
6. 牒，文书；度牒，官府发给出家僧道的凭证，宋时官府可出售度牒以充军

政费用。苏轼易米救饥，即卖度牒之利。　　　　　　　　　（　）

7. 义疏，古书注释体制之一，疏通原书和旧注的文意，或对旧注进行核实，补充辨证。　　　　　　　　　　　　　　　　　　　　　　　　（　）

8. 作为一种文体，疏主要用于臣僚向帝王分条陈述自己对某件事的意见，又称奏疏或奏议。　　　　　　　　　　　　　　　　　　　　　　（　）

9. 谢表，臣下感谢君主的奏章，宋朝凡官员升迁除授谪降贬官、封爵追赠等，均有谢表。　　　　　　　　　　　　　　　　　　　　　　　（　）

10. 谱牒，记述氏族或宗族世系的书籍，具有区分家族成员血缘关系亲疏远近的作用。　　　　　　　　　　　　　　　　　　　　　　　　（　）

11. 诏书，作为古代的文体名称，是以皇帝的名义所发布的各种命令、文告的总称。　　　　　　　　　　　　　　　　　　　　　　　　　（　）

12. 封事，密封的奏章。臣下上书奏事，防止内容泄漏，用皂囊封缄。（　）

第二节　文学常识

知识精讲

诸子百家

	思想精髓	代表人物	代表作
道家	政治上主张无为而治，人生观主张知足寡欲、柔弱不争、顺应自然，抛弃一切礼教的枷锁，才能避免灾祸。	老子	《道德经》
		庄子	《南华经》
儒家	崇尚礼乐和仁义，提倡忠恕和不偏不倚的中庸之道，主张德治和仁政，重视道德伦理教育和人的自身修养	孔子	《论语》
		孟子	《孟子》
		荀子	《荀子》

147

续表

诸子百家			
	思想精髓	代表人物	代表作
墨家	伦理上主张兼爱，兼爱，即爱人如己。政治上主张尚贤、尚同和非攻；经济上主张强本节用；思想上提出尊天事鬼。同时，又提出"非命"的主张，强调自身努力	墨子	《墨子》
法家	主张以法治国，"不别亲疏，不殊贵贱，一断于法"	韩非	《韩非子》

诸子百家是后世对先秦学术、思想人物和派别的总称。

春秋后期已出现颇有社会影响力的法家、道家、儒家、墨家、阴阳家等不同学派，而至战国中期，学派纷呈，学说丰富多彩，为中国古代文化发展奠定了宽广的基础，这一时期被称为诸子百家或百家争鸣时期。

一、诸子

（一）孔子

孔子，名丘，字仲尼，春秋时期鲁国人。孔子是中国古代伟大的教育家、政治家和思想家，儒家学派创始人。孔子的言行思想主要载于语录体散文集《论语》及先秦和秦汉保存下来的典籍中，思想核心是"仁"和"礼"。

孔子对后世影响深远，他"述而不作"，但他在世时已被誉为"天纵之圣""天之木铎""千古圣人"，是当时社会上最博学者之一。后世尊称他为至圣（圣人之中的圣人）、万世师表，认为他曾修《诗》《书》，定《礼》《乐》，序《周易》，作《春秋》。孔子的思想及学说对后世产生了极其深远的影响。《论语》是儒家的经典著作，由孔子的弟子及再传弟子编纂而成，是一本记录孔子及其弟子言行的书。

（二）孟子

孟子，战国时期邹国人，战国时期儒家代表人物之一，著有《孟子》一书，属语录体散文集。《孟子》一书是孟子的言论汇编，由孟子及其弟子共同编写而成，是记录了孟子的语言、政治观点（仁政、王霸之辨、民本、格君心之非）和政治行动的儒家经典著作。孟子继承并发扬了孔子的思想，成为仅次于孔子的一代儒家宗师，有"亚圣"之称，与孔子并称为"孔孟"。孟子曾仿效孔子，带领门徒游说各国。但不被当时各国所接受，遂退隐与弟子一起著书。有《孟子》七篇传世：《梁惠王》上下；《公孙丑》上下；《滕文公》上下；《离娄》上下；《万章》上下；《告子》上下；《尽心》上下。其学说出发点为性善论，注意是人性向善，不是人性本善，提出仁政、王道，主张德治。南宋时朱熹将《孟子》与《论语》《大学》《中庸》合在一起称"四书"。从此直到清末，"四书"一直是科举必考内容。孟子的文章说理畅达，气势充沛并长于论辩。

（三）荀子

荀子，名况，字卿，因避西汉宣帝刘询讳，又"荀"与"孙"二字古音相通，故又称孙卿。战国时期赵国猗氏人，著名思想家、文学家、政治家，儒家代表人物之一，时人尊称其为"荀卿"。曾三次出任齐国稷下学宫的祭酒，后为楚国兰陵令。荀子对儒家思想有所发展，提倡性恶论，对重整儒家典籍也有相当的贡献。韩非、李斯都是他的入室弟子，亦因为他的两名弟子为法家代表人物，故历代有部分学者怀疑荀子是否属于儒家学者。

（四）墨子

墨子，名翟，又称墨翟。墨子是中国春秋时期著名的思想家、教育家、军事家，墨家学派的创始人，创立墨家学说，并有《墨子》一书传世。主要学说内容有兼爱、非攻、尚贤、尚同、节用、节葬、非乐、天志、明鬼、非命等十项，以兼爱为核心，以节用、尚贤为支点。墨学在当时影响很大，与儒家并称"显学"。墨子死后，墨家分为相里氏之墨、相夫氏之墨、邓陵氏之墨三个学派。

墨子一生的活动主要在两方面：一是广收弟子，积极宣传自己的学说；二是不遗余力地反对兼并战争。

墨家是一个有着严密组织和严密纪律的团体，最高领袖被称为"巨子"，墨家的成员都被称为"墨者"，必须服从巨子的指导，听从指挥，可以"赴汤蹈火，死不旋踵"，意思是说至死也不旋转脚跟后退。

为宣传自己的主张，墨子广收门徒，一般的亲信弟子达到数百人之多，形成了声势浩大的墨家学派。墨子的行迹很广，东到齐、鲁，北到郑、卫，南到楚、越。

（五）老子

老子，字伯阳，又称老聃，后人称其为"老子"，春秋末期楚国人，中国古代伟大的哲学家和思想家，道家学派创始人，世界文化名人。

老子的思想主张是无为，老子的理想政治境界是"邻国相望，鸡犬之声相闻，民至老死不相往来"。《老子》以"道"解释宇宙万物的演变，"道"为客观自然规律，同时又具有"独立不改，周行而不殆"的永恒意义。《老子》一书中包含大量朴素辩证法观点，如以为一切事物均具有正反两面，"反者道之动"，并能由对立而转化，"正复为奇，反复为妖""祸兮福之所倚，福兮祸之所伏"。又以为世间事物均为"有"与"无"之统一，"有无相生"，而"无"为基础，"天下万物生于有，有生于无"。其学说对中国哲学发展具有深刻影响。

（六）庄子

庄子，名周，字子休（一说子沐），后人称之为"南华真人"，战国时期宋国蒙人。著名的思想家、哲学家、文学家，是道家学派的代表人物，老子哲学思想的继承者和发展者，先秦庄子学派的创始人。他的学说涵盖着当时社会生活的方方面面，但根本精神还是归依于老子的哲学。后世将他与老子并称为"老庄"，他们的哲学为"老庄哲学"。

他的思想包含着朴素辩证法因素，主要思想是"天道无为"，认为一切事物都在变化，他认为"道"是"先天地生"的，"道未始有封"（即"道"是无界限差别的），属主观唯心主义体系。在政治上主张"无为而治"，反对一切社会制度，摈弃一切假慈、假仁、假意等大伪。

庄子的文章，想象力很强，文笔变化多端，具有浓厚的浪漫主义色彩，并采用寓言故事形式，富有幽默讽刺的意味，对后世文学语言有很大影响。庄周和他的门人以及后学者著有《庄子》（被道教奉为《南华经》），道家经典之一。

《庄子》在哲学、文学上都有较高研究价值。名篇有《逍遥游》《齐物论》《养生主》等，《养生主》中的"庖丁解牛"尤为后世传诵。

（七）韩非

韩非为韩国公子（即国君之子），战国时韩国人，是中国古代著名的哲学家、思想家、政论家和散文家，法家思想的集大成者，后世称"韩子"或"韩非子"。

韩非师从荀子，但思想观念却与荀子大不相同，他没有承袭儒家的思想，却"喜刑名法术之学"，"归本于黄老"，继承并发展了法家思想，成为战国末年法家之集大成者。

二、百家

（一）道家

代表人物：老子、庄子、列子。

作品：《道德经》《庄子》《列子》

道家是战国时期重要学派之一，又称道德家。这一学派以春秋末年老子关于道的学说作为理论基础，以道说明宇宙万物的本质、本源、构成和变化。认为天道无为，万物自然化生，否认上帝鬼神主宰一切，主张道法自然、顺其自然，提倡清静无为、守雌守柔、以柔克刚。政治理想是小国寡民、无为而治。老子以后，道家内部分化为不同派别，著名的有四大派：庄子学派、杨朱学派、宋尹学派和黄老学派。

（二）儒家

代表人物：孔子、孟子、荀子。

作品：《论语》《孟子》《荀子》。

儒家是战国时期重要的学派之一，以春秋时的孔子为师，以六艺为法，崇尚礼乐和仁义，提倡忠恕和不偏不倚的中庸之道，主张德治和仁政，是重视道德伦理教育和人的自身修养的一个学术派别。

儒家强调教育的功能，认为重教化、轻刑罚是国家安定、人民富裕幸福的必由之路。主张有教无类，认为对统治者和被统治者都应该进行教育，使全国上下都成为道德高尚的人。

政治上，主张以礼治国，以德服人，呼吁恢复周礼，并认为周礼是实现理想政治的理想大道。至战国时，儒家分有八派，重要的有孟子和荀子两派。

孟子的思想主要是民贵君轻，提倡统治者实行仁政，在对人性的论述上，他认为人性本善，提出性善论，与荀子的性恶论截然不同，荀子之所以提出人性本恶，也是战国时期社会矛盾更加尖锐的表现。

（三）墨家

代表人物：墨子。

作品：《墨子》。

墨家是战国时期重要学派之一，创始人为墨翟。

这一学派以"兼相爱，交相利"作为学说的基础：兼，视人如己；兼爱，即爱人如己。"天下兼相爱"，就可达到"交相利"的目的。政治上主张尚贤、尚同和非攻；经济上主张强本节用；思想上提出尊天事鬼。同时，又提出非命的主张，强调自身努力。

墨家有严密的组织，成员多来自社会下层，相传皆能赴火蹈刀，以自苦励志。其徒属从事谈辩者，称墨辩；从事武侠者，称墨侠；领袖称巨（钜）子。

其纪律严明，相传"墨者之法，杀人者死，伤人者刑"。

墨翟死后，墨家分裂为三派。至战国后期，汇合成二支：一支注重认识论、逻辑学、数学、光学、力学等学科的研究，是谓"墨家后学"，另一支则转化为秦汉社会的游侠。

（四）法家

代表人物：韩非、李斯、商鞅。

作品：《韩非子》。

法家是战国时期的重要学派之一，因主张以法治国，"不别亲疏，不殊贵贱，一断于法"，故被称为法家。春秋时期，管仲、子产即是法家的先驱。战国初期，李悝、商鞅、申不害、慎到等开创了法家学派。至战国末期，韩非综合商鞅的"法"、慎到的"势"和申不害的"术"，集法家思想学说之大成。

这一学派，经济上主张废井田、重农抑商、奖励耕战；政治上主张废分封、设郡县、君主专制、仗势用术，以严刑峻法进行统治；思想和教育方面，则主张禁断诸子百家学说，以法为教，以吏为师。其学说为君主专制的大一统王朝的建立，提供了理论根据和行动方略。

（五）名家

代表人物：邓析、惠施、公孙龙和桓团。

作品：《公孙龙子》。

名家是战国时期的重要学派之一，因以论辩名（名称、概念）实（事实、实在）为主要学术活动而被后人称为名家。当时人则称其为辩者、察士或刑（形）名家。

（六）阴阳家

代表人物：邹衍。

阴阳家是战国时期重要学派之一，因提倡阴阳五行学说，并用它解释社会人事而得名。这一学派，源于上古执掌天文历数的统治阶层，代表人物为战国时齐人邹衍。

阴阳学说认为阴阳是事物本身具有的正反两种对立和转化的力量，可用以说明事物发展变化的规律。五行学说认为万物皆由木、火、土、金、水五种原素组成，其间有相生和相胜（剋）两大定律，可用以说明宇宙万物的起源和变化。邹衍综合二者，根据五行相生相胜说，把五行的属性释为五德，创五德终始说，并以之作为历代王朝兴废的规律，为新兴的大一统王朝的建立提供理论根据。

（七）纵横家

创始人：鬼谷子，主要言论传于《战国策》。

代表人物：苏秦、张仪。

纵横家是战国时以纵横捭阖之策游说诸侯，从事政治、外交活动的谋士，列为诸子百家之一。

战国时南与北合为纵，西与东连为横，苏秦力主燕、赵、韩、魏、齐、楚合纵以拒秦，张仪则力破合纵，连横六国分别事秦，纵横家由此得名。他们的活动对于战国时政治、军事格局的变化有重要的影响。

《战国策》对其活动有大量记载。

（八）杂家

代表人物：吕不韦。

作品：《吕氏春秋》。

杂家是战国末期的综合学派。因"兼儒墨、合名法""于百家之道无不贯综"而得名。秦相吕不韦聚集门客编著的《吕氏春秋》，是一部典型的杂家著作集。

（九）农家

代表人物：许行。

农家是战国时期重要学派之一，因注重农业生产而得名。此派出自上古管理农业生产的官吏，他们认为农业是衣食之本，应放在一切工作的首位。《孟子·滕文公上》记有许行其人，"为神农之言"，提出贤者应"与民并耕而食，饔飧而治"，表现了农家的社会政治理想。此派对农业生产技术和经验也注意记录和总结。《吕氏春秋》中的《上农》《任地》《辩土》《审时》等篇，被认为是研究先秦农家的重要资料。

（十）小说家

小说家，先秦九流十家之一，乃采集民间传说议论，借以考察民情风俗的学派。《汉书·艺文志》云："小说家者流，盖出于稗官。街谈巷语，道听途说者之所造也。"

（十一）兵家

代表人物：孙武、孙膑等。

作品：《孙子兵法》《六韬》等。

兵家重点在于指导战争，创始人是孙武，兵家又分为兵权谋家、兵形势家、兵阴阳家和兵技巧家四类。

兵家主要代表人物，春秋末有孙武、司马穰苴；战国有孙膑、吴起、尉缭、魏无忌、白起等。今存兵家著作有《黄帝阴符经》《六韬》《三略》《孙子兵法》《司马法》《孙膑兵法》《吴子》《尉缭子》等。各家学说虽有异同，然其中包含丰富的朴素唯物论与辩证法因素。兵家的实践活动与理论，影响当时及后世甚大，为我国古代宝贵的军事思想遗产。

（十二）医家

代表人物：扁鹊。

中国医学理论的形成，是在公元前5世纪下半叶到公元3世纪中叶，共经历了七百多年。公元前5世纪下半叶，中国开始进入封建社会。从奴隶社会向封建社会过渡，到封建制度确立，在中国历史上是一个大动荡的时期。社会制度的变革，促进了经济的发展，意识形态、科学文化领域出现了新的形势，其中包括医学的发展。医家泛指所有从医的人。

模拟自测

（请仔细阅读下列选项，勾选出不正确的选项）

1. 申商，即申不害和商鞅，战国时期法家重要代表人物。申不害重"术"，商鞅重"法"。法家主张循名责实，慎赏明罚，后人称其为"刑名之学"。（　　）

2. 《尚书》，又称《书》，与《诗》《礼》《易》《春秋》合称"五经"。传统《尚书》由伏生传下来，传说为上古《三坟五典》的遗留著作。（　　）

3. 三代，尧、舜、禹三代的统称，礼乐制度比较完备，故孔子据以考订礼乐。（　　）

4. 孔里，即孔林，为孔子及其后代子孙之墓地，与孔庙、孔府统称曲阜三孔。（　　）

5. 游学，指离家到远处求学。游学精神可溯源于春秋战国时期，道家追求逍遥游是现代游学的始源。（　　）

6. 孝悌，指孝敬父母、友爱兄弟，是孔子"仁爱"思想的根本。（　　）

7. 荀卿即荀子，先秦时期法家代表人物，提倡性恶论，强调后天环境和教育对人的影响。（　　）

8. 孔子，春秋末期鲁国陬邑人，思想家、教育家，儒家学派创始人，其思想核心为仁、礼乐、兼爱等。（　　）

9. 孔子，春秋时期著名的思想家、教育家。孔子开创了私人讲学的风气，是儒家学派的创始人，被列入"世界十大文化名人"。（　　）

10. 颜子指颜回，子是古代对人的尊称，可以称有道德、有学问的圣贤之人，如孔子、颜子、孟子、老子，也可以用来称老师。（　　）

11. 圣学,一般指圣人治学之法、修学之道、成学之径、饱学之意,有时特指孔子之学。（　　）

12. 经术,指经学,是解释儒家经典字面意义、阐明其蕴含义理的学问。（　　）

13. 释,佛教创始人释迦牟尼的简称,泛指佛教。（　　）

第三节　典　籍

一、史书体例常识

史书体例常识			
分类	特点	代表作	体例
编年体	按年代顺序记载	《资治通鉴》《春秋》"春秋三传"	年、月、日
国别体	按国家分类记载	《国语》《战国策》	以国家为单位
纪传体	为人物立传记方式记叙史实	《三国志》《史记》	本纪、世家、列传书志、史表、史论
断代体	以朝代为断限的史书	《汉书》《秦汉史》《隋唐史》	时间跨度短且不连续地记载某一朝代的历史
纪事本末体	以事件为中心的著史体裁	《通鉴纪事本末》	将重要的事件分门别类,形成独立的篇章,然后按照时间顺序,详述事件发生的原因、过程和结果

（一）编年体

史书编著的一种体裁。编年体史书按在世皇帝的年号（即按年代顺序）记载历史事件。代表作：《资治通鉴》（由宋代司马光编纂，是我国现存编年体史书中影响最大的一部）。此外，编年体史书还有孔子的《春秋》、"春秋三传"，即《左传》（又名《春秋左氏传》）、《春秋公羊传》《春秋谷梁传》。

编年体史书以时间为中心，按年、月、日顺序记述史事，是编写历史最早用的也是最简便的方法。其优点是给人以明确的时间观念，比较容易反映出史事发生和发展的时代背景；其缺点是不易集中反映同一历史事件前后的联系。弥补方法是，在记载史事时，有时要追叙往事，有时也附带记述后事。

（二）国别体

以国（诸侯国）为主体记载，即按国家分类记载历史。最早的一部是春秋时期左丘明作的《国语》，较好的一部是汉代初期刘向编订的《战国策》（国别体史书代表作）。

（三）纪传体

史书的一种著述形式，以为人物立传记的方式记叙史实，即以人物活动为中心记载历史，代表作为《史记》。《史记》是我国历史上第一部纪传体通史，同一体例的还有《三国志》。

（四）断代体

即以朝代为断限的史书。此体裁创始于东汉史学家班固所著的《汉书》。二十五史中除《史记》为通史外，其余的二十四史都属此体。其中《南史》《北史》《五代史》包举数朝，仍然属于断代史的范围。编年体和纪事本末体的史书，以朝代为断限的也属于断代史。今人所著的《秦汉史》《隋唐史》等，都属于断代史范围。

（五）纪事本末体

纪事本末体，是以事件为中心的著史体裁，它与编年体、纪传体，合称为古代三大史体。纪事本末体裁，每事一题，为一专篇，把分散的材料，按时间先后加以集中叙述，兼有编年体和纪传体的优点，详于记事，方便阅读。它创始于南宋袁枢的《通鉴纪事本末》。

二、易混淆概念

\	易混淆概念
春秋三传	《春秋左氏传》《春秋公羊传》《春秋谷梁传》
四书	《大学》《中庸》《论语》《孟子》
五经	《周易》《尚书》《诗经》《礼记》《春秋》
六经	《易》《书》《诗》《礼》《乐》《春秋》
六艺	礼、乐、射、御、书、数
六义	风、雅、颂、赋、比、兴
十三经	《易》《书》《诗》《周礼》《仪礼》《礼记》《春秋左氏传》《春秋公羊传》《春秋谷梁传》《论语》《孝经》《尔雅》《孟子》
三教	儒教、道教、佛教
九流	儒家、道家、阴阳家、法家、名家、墨家、纵横家、杂家、农家
四史	《史记》《汉书》《后汉书》《三国志》
后四史	《宋史》《元史》《明史》《清史稿》
坟典	《三坟》：伏羲、神农、黄帝之书；《五典》：少昊、颛顼、高辛、尧、舜之书
十家	儒家、道家、阴阳家、法家、墨家、名家、纵横家、农家、杂家、小说家

模拟自测

（请仔细阅读下列选项，勾选出不正确的选项）

1. 六艺，古代贵族教育中的六种技艺，即礼、乐、射、御、书、数，也指儒家教育的六经。（　　）

2. 五经是《诗经》《尚书》《礼记》《周易》《春秋》的合称。这五部书是我国古代儒家的主要经典著作。（　　）

3. 六经是孔子晚年整理的《诗》《书》《礼》《易》《乐》《春秋》等六部先秦古籍的统称。（　　）

4. 《汉书》是中国第一部纪传体断代史，与《史记》《后汉书》《三国志》并称为"前四史"。（　　）

5. 论是附在史传后面的评语，多是对历史事件和人物的评论，有时也是作者的讽喻或感慨。（　　）

6. 六经是指经过孔子整理而传授的六部先秦古籍，分别为《诗经》《尚书》《礼》《易》《乐》《孝经》。（　　）

7. 《三国志》，二十四史之一，西晋史学家陈寿著，分为《魏书》《蜀书》《吴书》，是国别体史书。（　　）

8. 群经，指儒家经典；百氏，指诸子百家。群经百氏都是科举时代儒生应试考查的内容。（　　）

9. 经史，经主要指儒家经典，史主要指各种正史。经史子集，是我国传统图书的四大部类，泛指我国古代典籍。（　　）

10. 《春秋》，中国最早的纪传体史书，因孔子暗寓褒贬于其中，后将此手法称为春秋笔法。（　　）

11. 经术，指经学，解释儒家经典字面意义、阐明其蕴含义理的学问。（　　）

12. 《公羊传》是我国古代阐释《春秋》的著作之一，相传为战国时齐人公羊高所著。（　　）

13. 世家，即世世代代相沿的大姓氏、大家族，古代指门第高贵、世代为官的人家。司马迁撰写《史记》时用"世家"来记述王侯诸国及大臣之事。
（　　）

14. 五经，中国儒家的经典书籍，指《诗》《书》《乐》《易》《春秋》。本来应该有六经，还有一本《礼记》，因亡于秦火，遂只剩下五经。　（　　）

15. 《尚书》，又称《书》，是"三坟五典"的遗留著作。"五经""六艺"中都包含这部作品，是我国现存最早的编年体史书。　（　　）

16. 《春秋》是由孔子修订的一部编年体史书，后来有补充注释《春秋》的书，称为春秋三传，为《左传》《公羊传》《谷梁传》。　（　　）

17. 坟典，是《三坟》《五典》的合称，后来泛指古代典籍。（　　）

18. 后四史，一般指的是《宋史》《元史》《明史》《清史稿》。（　　）

19. 《易》为《易经》的简称，又称为《周易》，是一本关于"卜筮"的书，与儒家典籍《诗经》《尚书》《礼记》《春秋》合称"五经"。　（　　）

20. 《易》即《周易》，儒家经典之一，相传为孔子所作，包括《经》和《传》两部分。　（　　）

21. 《孟子》，儒家经典，主要记载了孟子有关政治、教育、哲学、伦理等方面的思想观点和政治活动，与《论语》《大学》《尚书》合称"四书"。
（　　）

22. 兵家本来指中国先秦与汉初研究军事理论、从事军事活动的学派，有时也是对军事家或用兵者的通称。　（　　）

23. 《国风》指《诗经》中的民歌，《诗经》中还有《雅》和《颂》，《雅》是宗庙祭祀乐歌，《颂》是宫廷乐歌。　（　　）

第四节 琴棋书画

知识精讲

一、乐理知识

【宫调】我国历代称宫、商、角、变徵、徵、羽、变宫为七声（七音），其中任何一声为主均可构成一种调式。凡以宫为主的调式称宫，以其他各声为主的则称调，统称"宫调"。

【五音】指宫、商、角、徵、羽。

【十二律】古乐的十二调。阳律六：黄钟、太簇、姑洗（冼）、蕤宾、夷则、亡射。阴律六：大吕、夹钟、中吕、林钟、南吕、应钟。共为十二律。

【八音】我国古代八种制造乐器的材料，通常为金、石、丝、竹、匏、土、革、木八种，亦泛指音乐。

【雅乐】典雅纯正的音乐，是一种古代的传统宫廷音乐，指帝王朝贺、祭祀天地等大典所用的音乐。

【俗乐】与雅乐相对，古时指各种民间音乐的泛称。宫廷举行宴会时所用的俗乐，称为"燕乐"。

二、书法

【甲骨文】我国已发现的最早的文字，因刻在乌龟甲壳和牛的肩胛骨上，故称甲骨文，以象形、会意字居多。目前发现最早的甲骨文是商朝盘庚时期的甲骨文，距今约3000多年，我国有文字记载的历史即从商朝盘庚开始。

【金文】铸造在青铜器上的铭文，也叫钟鼎文。商周是青铜器的时代，青铜器中的礼器以鼎为代表，乐器以钟为代表，"钟鼎"便成为青铜器的代名词。

【大篆】大篆是西周晚期普遍采用的字体。广义的大篆指小篆之前的文字,包括金文(或称钟鼎文)与籀文(金文之繁化)。狭义上指籀文、遗存石刻与石鼓文。

【小篆】秦始皇统一中国后(前221年),在秦国原来使用的大篆籀文的基础上,进行简化,取消六国文字,创制统一的汉字书写形式即小篆。与大篆相比,小篆的形体结构简明、规正、协调,笔势匀圆整齐。小篆的图画性已经大大减弱,每个字的结构已经比较固定。

【隶书】隶书也叫"隶字""古书",是在篆书的基础上,为适应书写便捷的需要而产生的字体,就小篆有所简化,又把小篆匀圆的线条变成平直方正的笔画,便于书写。

【草书】形成于汉代,是为了书写简便,在隶书基础上演变出来的字体,主要用于起草文书和通信,使用连笔,书写快捷,但难以辨认。

【楷书】也叫"正楷""真书"。魏晋之际形成,南北朝时期逐渐成为主要字体,一直使用到现在。"楷"有"规则"之意,字形方正严整,笔画平易圆转,更便于书写。

【行书】出现在东汉晚期,楷书出现后,逐渐演变成介于草书和楷书之间的行书,易书写,比草书易辨认,一直使用到现在。

【阳文阴文】阳文阴文是我国古代刻在器物上的文字,笔画凸起的叫阳文,凹下的叫阴文。

三、文章体裁

(一)韵文

1. 辞

(1)内涵

战国时期,楚国诗人屈原创作了一种新的诗歌体裁——楚辞。屈原的抒情长诗《离骚》,具有浪漫主义风格,是楚辞的代表作,楚辞因此又被称为

"骚体"。

(2) 特点

①诗风上,铺排夸饰,想象丰富,富于抒情与浪漫气息。

②体式上,楚辞较之《诗经》,篇幅极大增长,句式也由四言为主变为长短不拘,参差错落。

③语言上,楚辞多用楚语楚声,楚地的方言词语大量涌现,"兮"字、"些"字作为虚词叹语成为楚辞的一个鲜明标志。

2. 赋

(1) 内涵

我国古代的一种文体,讲究文采、韵律,兼具诗歌和散文的性质。

(2) 特点

①以"铺采摛文,体物写志"为手段,侧重于写景,借景抒情。

②以"颂美"和"讽喻"为目的。

③多用铺陈叙事的手法,赋必须押韵,这是赋区别于其他文体的一个主要特征。

3. 骈文

(1) 内涵

骈文又称骈体文、骈俪文或骈偶文。骈文是一种以字句两两相对而成篇章的文体,起源于汉代,盛行于南北朝。

(2) 特点

①常用四字句、六字句,故也称"四六文"或"骈四俪六"。

②全篇以双句(俪句、偶句)为主,讲究对仗的工整和声律的铿锵。

4. 诗

(1) 内涵

又称诗歌,是一种用高度凝练的语言,形象表达作者丰富情感,集中反映社会生活并具有一定节奏和韵律的文学体裁。

（2）分类

古体诗

古体诗：包括古诗（唐以前的诗歌）、楚辞、乐府诗。"歌""歌行""引""曲""吟"等古诗体裁的诗歌也属古体诗。古体诗不讲对仗，押韵较自由。古体诗的发展轨迹：《诗经》→楚辞→汉赋→汉乐府→魏晋南北朝民歌→建安诗歌→陶诗等文人五言诗→唐代的古风、新乐府。

楚辞体：是战国时期楚国屈原所创的一种诗歌形式，其特点是运用楚地方言、声韵，具有浓厚的楚地色彩。东汉刘向编辑的《楚辞》，全书十七篇，以屈原作品为主，而屈原作品又以《离骚》为代表作，后人因此又称"楚辞体"为"骚体"。

乐府：本是汉武帝时掌管音乐的官署名称，后变成诗体的名称。汉魏、南北朝乐府官署采集和创作的乐歌，简称为乐府。魏晋和唐代及其以后诗人拟乐府写的诗歌虽不入乐，也称为乐府和拟乐府，如《敕勒歌》《木兰诗》《短歌行》（曹操）。一般来说，乐府诗的标题上一般加有"歌""行""引""曲""吟"等字眼。

歌行体：是乐府诗的一种变体。汉魏以后的乐府诗，题名为"歌""行"的颇多，二者虽名称不同，其实并无严格区别，都是歌曲的意思，其音节、格律一般都比较自由，形式采用五言、七言、杂言的古体，富于变化，此后遂有歌行体。到了唐代，初唐诗人写乐府诗，除沿用汉魏六朝乐府旧题外，已有少数诗人另立新题，虽辞为乐府，已不限于声律，故称新乐府。此类诗歌，至李白、杜甫而大有发展。如杜甫的《悲陈陶》《哀江头》《兵车行》《丽人行》，白居易的许多作品，其形式采用乐府歌行体，大多三言、七言错杂运用。

近体诗

近体诗：与古体诗相对的近体诗又称今体诗，是唐代形成的一种格律体诗，分为两种，其字数、句数、平仄、用韵等都有严格规定。

①绝句，每首四句，五言的简称五绝，七言的简称七绝。

②律诗，每首八句，五言的简称五律，七言的简称七律，超过八句的称为排律或长律。

律诗格律极严，篇有定句（除排律外），句有定字，韵有定位（押韵位置固定），字有定声（诗中各字的平仄声调固定），联有定对（律诗中间两联必须对仗）。

5. 词

（1）内涵

又称为诗余、长短句、曲子、曲子词、乐府等。

（2）特点

调有定格，句有定数，字有定声。字数不同可分为长调（91字以上）、中调（59~90字）、小令（58字以内）。词有单调和双调之分，双调就是分两大段，两段的平仄、字数是相等或大致相等的，单调只有一段。词的一段叫一阕或一片，第一段叫前阕、上阕、上片，第二段叫后阕、下阕、下片。

6. 曲

（1）内涵

又称为词余、乐府。元曲包括散曲和杂剧。散曲兴起于金，兴盛于元，体式与词相近。

（2）特点

可以在字数定格外加衬字，较多使用口语。散曲包括小令、套数（套曲）两种。套数是连贯成套的曲子，至少是两曲，多则几十曲。每一套数都以第一首曲的曲牌作为全套的曲牌名，全套必须同一宫调。它无宾白、科介，只供清唱。

（二）散文

1. 史传类

（1）本纪：记载历代帝王的兴衰和重大历史事件的文体。

（2）世家：记述子孙世袭的王侯封国史事和特别重要人物的事迹的文体。

（3）列传：记述帝王诸侯外其他各方面代表人物的生平事迹和少数民族的传记。

（4）表：以表格形式呈现的各个历史时期大事记的文体。

（5）书：关于天文、历法、水利、经济、文化等方面的专题史。

2. 人物类

（1）记：记载人物生平事迹的文体。

（2）传：记述个人生平事迹的文章，一般是记述死者的事迹。

（3）碑记：古代一种刻在石碑上，记叙人物生平事迹的文体。

（4）墓志铭：刻在石碑上，叙述死者生平，加以颂扬追思的铭文。

3. 笔记类

古代以记事为主的篇幅短小、内容丰富的文体。

4. 散文类

（1）经：作为思想、道德、行为等标准的书，亦称宗教中讲教义的书，或称某一方面事物的专著。

（2）传：解释经书的著作，转达出经典的含意，传给后人。

（3）注：对古书的注解。（起居注：我国古代帝王的言行录，是编纂历史书籍的重要史料。）

（4）书序：列在著作正文之前的文章，亦称"叙""序言""前言""引言"。

（5）跋：列于书后的称为"后序""跋"。

（6）赠序：我国古代的一种散文文体，一般在送朋友远行时而作，内容多是一些安慰、勉励的话。

（7）游记：一种描写旅行见闻的散文体裁。

（8）杂记：因事见义，杂写所见所闻不多加议论的散文体裁。

5. 议论类

（1）原：探源究理的议论文体。

（2）辨：明辨是非的议论文体。批驳一种错误论点，或辨析某些事实。

（3）说：用记叙、议论或说明等方式来阐述事理的文体。

（4）论：析理推论的议论文体。

直通真题

（请仔细阅读下列选项，勾选出不正确的选项）

「2020新课标Ⅱ卷」D. 四六之制，即骈文，因在发展中逐渐成为相对整齐的四六句式而有此称。　　　　　　　　　　　　　　　　　　（　　）

模拟自测

（请仔细阅读下列选项，勾选出不正确的选项）

1. 丝竹，指弦乐器和管乐器，如琴瑟箫笛等，后泛指音乐，刘禹锡《陋室铭》"无丝竹之乱耳，无案牍之劳形"中的丝竹即指代音乐。（　　）

2. 棋局即棋盘。象棋古称象戏，围棋古称弈、烂柯，这两种棋类游戏均起源于我国。（　　）

3. 缄本义为书信封口或者扎束器物的绳，引申为动词封闭、收藏，也可以代指书信。（　　）

4. 书即写，也可理解为书法，中国书法历史悠久，有甲骨文、金文、大篆、小篆、隶书、草书、行书、楷书等诸体。（　　）

5. 草体即草书，汉字的一种书体，形成于汉代，有章草、今草、狂草之分。以草书见长的书法家有怀素、张旭、王羲之、颜真卿等。（　　）

6. 尺牍，木牍的规格，据记载有几种，大多长一尺左右，故有"尺牍"之称，

多用于书法、绘画。有尺素、尺函、尺笺等多种称谓。（ ）

7. 题壁，中国古代的一种文化现象，即将诗句题写在墙壁上。苏轼的《题西林壁》就是题壁诗中的名篇。（ ）

8. 寸管，毛笔的代称。古人对毛笔有很多种说法，如"不律""毫素""龙须""毛颖"等。（ ）

9. 篆字，篆书字体，汉字字体之一，分为大篆和小篆，汉时多用于庄重场合。（ ）

10. 魏太傅钟繇在书法方面颇有造诣，推动了楷书的发展，被后世尊为"楷书鼻祖"。钟繇对后世书法影响深远，王羲之等后世书法家都曾经潜心钻研学习钟繇书法，钟繇与王羲之并称为"钟王"。（ ）

11. 骈俪，中国古代以字句两两相对而成篇章的文体，讲究声律的协调、用字的绮丽，盛行于南北朝。（ ）

12. 诔，哀悼死者的一种文体，主要列举死者的德行，如《红楼梦》中的《芙蓉女儿诔》。（ ）

13. 长短句和曲子、曲词、诗余等，都是词的别称。每首词都有一个调名，称词牌，依调填词为倚声。（ ）

14. 箴，古代以告诫规劝为主的一种文体，如箴铭，是古代常刻在器物或碑石上用于规戒、褒赞的韵文。（ ）

15. 古代的墓志铭一般由志和铭两部分组成。"志"多用散文撰写，叙述逝者的姓名、籍贯、生平事略；"铭"则用韵文概括全篇，主要是对逝者一生的评价。（ ）

古代文化常识200题

1. 下列说法不正确的一项是（　　）。

   A. 司马是古代主管军事事务的官职，《琵琶行》中白居易所任之官就是此类情况。

   B. 晏婴，字平仲，春秋时齐国政治家、外交家，以有政治远见和外交才能闻名诸侯。

   C. 表和漏是古代计时工具，表以标杆显示日影的方式、漏以滴水或漏沙的方式计时。

   D. 不佞，"佞"在古汉语中有才智的意思，"不佞"即不才，古人常以之用作谦称。

2. 下列说法不正确的一项是（　　）。

   A. 丞，我国古代地方职官名，在县里的地位一般仅次于县令。

   B. 淫祠，指滥建的祠庙，不合礼仪，不属于记载祭祀仪礼的典籍中所载的祠庙。

   C. 秋税，在秋季开征的田赋，也叫"秋苗""秋租""秋粮"，明代以收米为主。

   D. 河内，泛指黄河中游北面的地区，约相当于今豫北地区，战国时为韩国领土。

3. 下列说法不正确的一项是（　　）。

   A. 大理寺，中国古代官署名，北齐定制，历代沿置，掌管司法刑狱，长官为大理寺卿。

   B. 权，古代表示兼代某一官职的词语，此类词语还有领、署、知、摄、行、判、守。

　　C. 衬庙，指将死者附在祖先宗庙里进行祭祀。

　　D. 朔望，中国古典文献中用朔、望、晦来分别指代农历的初一、十五和每月最后一天。

4. 下列说法不正确的一项是（　　）。

　　A. 字：古代男子二十岁拟字，女子不可拟字。名、字和号一般在意义上存在一定联系。

　　B. 绍兴：南宋皇帝赵构的年号。年号是中国封建王朝用来纪年的一种名号。

　　C. 提点刑狱：宋代特有官职名称，主要掌管刑狱之事，对本路的各级官员实施监察。

　　D. 词是一种韵文文体，又被称为曲子词，兴起于隋唐，盛行于宋代。

5. 下列说法不正确的一项是（　　）。

　　A. 学政，在京城太学中传授学问知识以及技巧才艺的学官。

　　B. 进士，中国古代科举制度中，通过最后一级中央政府朝廷考试者。自宋以后，进士一律要经过由皇帝主持的"殿试"复核决定名次。

　　C. 疏，又称"奏议"或"奏疏"，是臣僚向帝主进言所使用文书的统称。疏的本意为"通"。

　　D. 致仕，本义是将享受到的禄位交还给君主，表示官员辞去官职或到规定年龄而离职。

6. 下列说法不正确的一项是（　　）。

　　A. 参军，中国古代官职，官品不高，陶渊明、杜甫、白居易都曾担任过此职。

　　B. 东宫，封建时代太子居住的宫殿，因方位而得名，也借指太子本人，又称"储宫"。

　　C. 践祚，即"践阼"，古代庙寝堂前两阶，主阶在东，称阼阶。践祚指皇帝登临帝位。

D. 封禅，封为祭地，禅为祭天，是帝王在太平盛世或止乱复治时举行的大型祭祀典礼。

7. 下列说法不正确的一项是（　　）。

A. 廷对，科举时代皇帝举行殿试。后也称皇帝在朝廷上召问臣下，使奏对政事。

B. 符命，帝王受天命的象征。古人认为天降祥瑞于国君，使其有凭证治理国家。

C. 朔望，农历每月初一日叫"朔"，十五日叫"望"，而以"晦"表示每月三十日。

D. 薨，古代称诸侯或大官死叫"薨"，此外，"崩"在古代专指帝王或王后的死。

8. 下列说法不正确的一项是（　　）。

A. 万历，明神宗朱翊钧的年号，明朝使用此年号共 48 年，为明朝使用时间最长的年号。帝王年号纪年法是我国古代纪年法之一。

B. 博士，古代学官名。六国时有博士，秦因之。汉武帝设置五经博士，唐有太学博士、算学博士等，皆教授官。明清仍继之，稍有不同。

C. 礼部，中国古代官署之一。北魏始置，隋朝以后为中央行政机构六部之一，掌管五礼之仪制及学校贡举之法等。

D. 出，被调出京城任官职。古代任免或调任官职的词语有很多，黜、夺、罢与致仕、致事、致政等表示免官。乞骸骨、乞归等表示辞官退休。

9. 下列说法不正确的一项是（　　）。

A. 井，古代因井设市，人口集聚的地方常以"井"称之，如"井邑""市井"。

B. 夷獠是我国古代中央王朝对西南地区部分少数民族的称呼，有轻蔑义。

C. 长短句，北宋时，其为词的本名；宋以后，人们多以长短句为词的别名。

D. 谥，即谥号，皇帝谥号多为一字，官员谥号多为两字，用来概括其生平。

10. 下列说法不正确的一项是（　　）。

   A. 刺史，负责监察地方官员。刺史制度在中国古代对于加强中央对地方的监督和控制，发挥了重要作用。

   B. 神策军是唐朝中后期中央北衙禁军的主力，负责保卫京师和宿卫宫廷以及行征伐事，为唐时朝廷直接控制的主要武装力量。

   C. 兵部为中国古代官署名，六部之一。其长官为兵部尚书。掌管文武官员的选拔、任用以及兵籍、兵械、军令等。

   D. 赠，古代朝廷对死去的功臣或其先人追封爵位或官职。

11. 下列说法不正确的一项是（　　）。

   A. 进士，一般称科举时代殿试考取的人，前三名依次为状元、榜眼、探花。

   B. 辕门，既可指古代帝王巡狩、田猎止宿出入处之门，又可指军营的营门。

   C. 请老是古代官吏向君王请求退休养老的婉词，与致仕、致政、告老相同。

   D. 赠，即赠官，古代朝廷对功臣生前或死后追赠官职或爵位，表示褒奖肯定。

12. 下列说法不正确的一项是（　　）。

   A. 弱冠：古代男子20岁行冠礼，表示已成人，但体还未壮。后泛指男子20岁左右年纪。

   B. 官秩：指官吏的职位或依品级而定的俸禄。秦汉时期，官的等级称秩，以"石"数区分。

   C. 开元：唐朝皇帝唐玄宗李隆基的年号。先秦至汉初无年号，汉光武帝即位后首创年号。

   D. 奢僭：僭，古代地位在下的冒用在上的名义或礼仪、器物，尤指用皇家专用的。奢僭指奢侈逾礼。

13. 下列说法不正确的一项是（　　）。

　　A. "熙宁"，宋神宗的年号。汉武帝时起开始有年号，每一位皇帝不论在位时间长短，只用一个年号。

　　B. "三司"，古代官职名。宋代以"盐铁、度支、户部"为三司，专掌国家的财赋，都由朝廷重要的大臣掌管。

　　C. "领"，兼任，指以本官兼较低职，同样意思的还有"判"，而"摄"指暂时兼任比本官高的职务。

　　D. "荆公"是对王安石的尊称，因他曾被封为荆国公。古代对平辈或长辈也可称"字"表尊敬，如"王介甫"。

14. 下列说法不正确的一项是（　　）。

　　A. 荫，指封建时代因先辈有功而给予子孙权利，让子孙继承先辈的官位和爵位。

　　B. 居丧，守孝。古代尊亲死后，在服丧期满以前停止娱乐和交际等活动，表示哀悼。

　　C. 户部，古代六部之一，掌管土地、户籍、赋税等职事，长官为户部尚书。

　　D. 故事有多种含义，可指一种文学体裁，可用来表示旧日的典章制度。

15. 下列说法不正确的一项是（　　）。

　　A. 博士，官名，最早出现于战国时期，汉武帝时设五经博士，专掌经学教授。

　　B. 登阼，即位。阼是大堂前东面的台阶，天子即位时践阼升殿，故借指帝位。

　　C. 伯，古代被君主封赏的五等爵位的第三等，周代有公、侯、伯、子、男五爵。

　　D. 薨，古代称诸侯之死，位高之人专用，后世也指有封爵的大官或大夫之死。

16. 下列说法不正确的一项是（　　）。

   A. 改元，指中国封建时期新皇帝即位或皇帝在位期间改换年号，每个年号开始的一年称元年。新皇帝即位后，一般都要改变纪年的年号，可称为"建元"。同一皇帝在位时更换年号，可称为"改元"。

   B. 社稷，土地神和谷神的总称。分言之，社为土地神，稷为谷神。土地神和谷神是以农为本的中华民族最重要的原始崇拜物。

   C. 尚书，中国封建时代的政府高官名称，相当于现在国家各部委的部长主任。如吏部尚书，是吏部的长官。

   D. 嗣位，继承君位。嗣的本义是父亲传位或传业给长子。

17. 下列说法不正确的一项是（　　）。

   A. 始皇是秦王嬴政的尊号，他认为"子议父、臣议君"不可取，取消了"谥号"传统。

   B. 拜指授予官职，类似的还有"除""授"，"拔""擢""迁""陟"则可表示升迁官职。

   C. 戎狄是先秦时代华夏民族对西方和北方的非华夏部落的统称，即对北戎和西狄的合称。

   D. 崩是对古代帝王之死的讳称，太后与王后之死也可称崩，诸侯或有爵位的大官之死可称薨。

18. 下列说法不正确的一项是（　　）。

   A. 编修，官名，主要负责文献修撰工作，明清时与修撰、检讨同称为史官。
   B. 东阁，古代宰相招致、款待宾客的地方，明清两代是大学士殿阁之一。
   C. 服阕，古丧礼规定，父母死亡，服丧三年，处在服丧期间，称服阕。
   D. 外廷，外朝，相对皇宫内（内廷）而言，指群臣等待上朝和办公议事的地方。

19. 下列说法不正确的一项是（　　）。

   A. 日华，邵晔的字。古人名与字在意义上形成关联，"晔"意思是光明灿烂，与日华相符。

B. 岭表，岭，特指大庾岭等五岭；表，"外"的意思，指的是方位"南"，岭表是岭南的意思。

C. 三司，古代的官署制度，历代有所不同。宋代的"三司"是指盐铁司、度支司和户部司。

D. 封禅，古代帝王在太平盛世或天降祥瑞时祭祀天地的典礼；"封""禅"分别为祭地、祭天。

20. 下列说法不正确的一项是（　　）。

　　A. 箕倨，坐在地上两脚张开，形状像箕，是一种轻慢傲视对方的姿态。

　　B. 客，指权贵家里豢养的帮闲或办事的人，是贵族地位和财富的象征。

　　C. 将军，即大将军，先秦、两汉时将军的最高称号，魏晋后渐成虚衔。

　　D. 布衣，粗布衣服，因古代平民穿麻布葛衣，布衣便成了平民的代称。

21. 下列说法不正确的一项是（　　）。

　　A. 进士，是对中国古代科举考试制度中通过最后一级中央政府朝廷考试者的称呼。

　　B. 两淮，方位地理概念，泛指今天江苏和安徽两省长江淮河之间的地区。

　　C. 礼部，古代六部之一。六部各司其职，如工部掌管工程营造、屯田、水利、漕运等事务。

　　D. 景泰，年号。年号为最高统治者为纪在位之年而立的名号，是从汉武帝时才开始有的。

22. 下列说法不正确的一项是（　　）。

　　A. 藩邸，指藩王的宅第，藩王是指拥有封地或封国的亲王、郡王。

　　B. 爵赏，指有一定爵位的公卿给予下属或同僚的巨额赏赐。

　　C. 晏驾，古时帝王死亡的讳称，意思相同的词还有驾崩、宾天等。

　　D. 朝贡，指古代外国或藩属国的使臣来朝见君主，并敬献礼物。

23. 下列说法不正确的一项是（　　）。

   A. 擢：表示提升官职。古代表提升官职的词语很多，如升、征、陟、迁、举等。

   B. 巡抚：明初指京官巡查地方，清代正式成为省级地方长官，地位略次于总督。

   C. 屯田：汉以后政府利用戍卒、农民、商人垦殖荒地，为了取得军饷和税粮的制度。

   D. 方士：古代自称能访仙炼丹以求长生不老的人。

24. 下列说法错误的一项是（　　）。

   A. 参知政事，唐宋时期最高政务长官之一，与同平章事、枢密使、枢密副使合称"宰执"。

   B. 致仕，本义是将享受的禄位交还给君王，表示官员辞去官职或到规定年龄而离职。

   C. 社稷，社是土地神，稷是谷神，古时君主常常祭祀社稷，后来就用社稷代表国家。

   D. 赠，古代朝廷对功臣的先人或本人死后追封爵位官职以示褒奖，与"谥"作用相同。

25. 下列说法不正确的一项是（　　）。

   A. 唐虞即唐尧与虞舜的并称。亦指尧与舜的时代，古人称之为太平盛世。

   B. 廷尉是古代官职名，西汉时也称大理，是中央最高行政机构长官。

   C. 五铢即汉王朝统一的基础流通货币。其得名源于它的重量，枚重五铢。

   D. 楚地是指古楚国所辖之地，后来引申为湖南、湖北附近区域。

26. 下列说法不正确的一项是（　　）。

   A. 荫，指封建时代子孙因先世有功劳而得到封赏，如"封妻荫子""荫庇"。

   B. 省寺，古代朝廷"省""寺"两类官署的并称。亦泛指中央政府官署。唐朝时，"省"有中书、尚书、门下三省。

C. 说书,一般指流行于民间的一种说唱艺术。宋朝陪侍天子内廷讲说经书的职官也叫"说书"。

D. 卒,古人对人身故有多种描述方式,士之死称为"卒",诸侯或有爵位的高官之死称为"薨"。

27. 下列说法不正确的一项是(　　)。

A. 主簿:掌管文书的佐吏,隋唐以前,权势颇重,隋唐以后,重要性减弱。

B. 屯田:军队为取得给养由政府组织经营的农业集体耕作制度,产生于两宋时。

C. 刑狱:宋代特有官职名称,主要掌管刑狱之事,对本路的各级官员实施监察。

D. 棺殓:即棺殓,棺是装殓死人的器具,殓指给尸体穿衣下棺,也叫"入殓"。

28. 下列说法不正确的一项是(　　)。

A. 移疾,指官员上书称病,有时是官员受到权臣诋毁,不得不请求退职的委婉说法。

B. 节,指符节,古代朝廷任命官员的委任状。用竹、木、玉或金、铜等制成。

C. 天子,古代统治者把他们的政权说成是受天命建立的,故称国王或皇帝为天的儿子。

D. 尧舜,尧和舜,传说是父系氏族社会后期部落联盟领袖,贤明君主,后泛指圣人。

29. 下列说法不正确的一项是(　　)。

A. 篆书,书体。从甲骨文到金文再到篆书、隶书和草书等,汉字的形体逐渐演变。

B. 受禅,新皇帝接受旧帝禅让的帝位。一般指同一朝代父亲把帝位主动让给儿子。

C. 母忧是指母亲的丧事，古代官员遭逢父母去世时，按照规定需要离职居家守丧。

D. 高丽，朝鲜半岛历史上的王朝。我国习惯上多沿用来指称朝鲜或关于朝鲜的事务。

30. 下列说法不正确的一项是（　　）。

    A. 舍：古代行军三十里为一舍。此处意思与成语"退避三舍"中的"舍"相同。

    B. 迁：古代跟官职的调动有关。

    C. 节度使：唐代开始设立的地方军政长官。因受职时，朝廷赐以旌节而得名。

    D. 建中：年号。中国封建社会里明清皇帝每人只有一个年号，其他朝代皇帝有多个年号。

31. 下列说法不正确的一项是（　　）。

    A. 臣，君主时代的官吏，也指官吏对君主的自称，有时还可以是表示谦卑时的自称。

    B. 相国，古官名，春秋战国时除楚国，各国都设相，称相国、相邦，为百官之长。

    C. 廷尉，位列三公，是中央最高司法审判机构长官，主管诏狱和修订律令的事宜。

    D. 夷，古代一人犯死罪而灭其亲属的刑罚制度，通常犯谋反罪的人会受此刑罚。

32. 下列说法不正确的一项是（　　）。

    A. 蠕蠕：即柔然，公元4世纪后期至6世纪中叶，在蒙古草原上崛起的部落制汗国。

    B. 刺史：古代官名，自汉设立，原为朝廷所派督察地方之官，后沿用为地方官职名称。

C. 公：古爵位名，周朝封建五等爵位的第二等，仅次于"侯"。后泛称朝中位高权重者。

D. 字：即表字，在本名之外所取的与本名意义相关的另一名字。自称称名，称人称字。

33. 下列说法不正确的一项是（　　）。

    A. "中嘉祐二年进士第"中"第"指科举考试及格的等次，"进士"是古代科举制度中通过最后一级考试者，意为可以进授爵位之人。

    B. 通判是官名，在州府的长官下掌管粮运、家田、统兵作战等事项，对州府的长官有监察的责任。

    C. 保伍：古代民人以五家为伍，又立保（唐时四家为邻，五邻为保；王安石变法时以十户为保）相统摄，因以"保伍"泛称基层户籍编制。

    D. 丁艰，也叫丁忧，是古代遭父母之丧的通称；有内、外之分，遭母丧称"丁内艰"，遭父丧称"丁外艰"，后世多专指官员居丧。

34. 下列说法不正确的一项是（　　）。

    A. 经幄，即经筵，指汉唐以来帝王为讲经论史特设的御前讲席。

    B. 封驳，意为封还皇帝失宜的诏令，驳正臣下奏章的违误。

    C. 释老，指释迦牟尼，因其为佛教创始人，所以"释"泛指佛教。

    D. 肉刑，残害肉体的刑罚，古时指黥、劓、刖、宫、大辟等刑罚。

35. 下列说法不正确的一项是（　　）。

    A. 足下：对对方的尊称，译为"您"，旧时交际用语，上称下时的敬词。

    B. 民胞物与：民为同胞，物为同类；泛指爱人和一切物类。"与"，给予。

    C. 不忝：不辱，不愧。出自《孔丛子·执节》。"忝"，有愧于，常用作谦辞。

    D. 折差：古时称专为地方大员送奏折到京城的邮差为折弁，折差即折弁。

36. 下列说法不正确的一项是（　　）。

    A. 进士，对古代科举会试及第者的称呼，以成绩的高低分为三甲：一甲共三人，即状元、榜眼、探花。

B. 知制诰，掌管起草诰命之意，后作官名。唐初以中书舍人为之，掌外制。其后亦有以他官代行其职者。

C. 友婿，同门女婿之间的称谓，也叫"连襟"，是姐姐的丈夫和妹妹的丈夫之间的互称或者合称。

D. 赠，古代朝廷对有功绩的大臣或其先人死后追封官职或荣誉称号，所赠官职通常比其生前官职高。

37. 下列说法不正确的一项是（　　）。

    A. 亭长是管理亭的官吏。亭即驿亭，是由驿站所设置的供行旅途中歇宿的处所。

    B. 关中是古代地区名，所指范围大小不一，一般泛指函谷关以西战国末秦故地。

    C. 所食邑即收食禄的封地，由皇帝封赐给臣下，受封者以其中民户赋税为食禄。

    D. 相国是辅佐君主治理国政的最高长官。韩信死后，丞相萧何被刘邦拜为相国。

38. 下列说法不正确的一项是（　　）。

    A. 进士，指在中国古代科举制度中，通过朝廷礼部举办的会试的考试者。

    B. 释褐，指脱去平民穿的粗布衣服，换上官员服饰，比喻开始担任官职。

    C. 博士，古代学官名。汉武帝设置五经博士，唐设太子博士等。

    D. 左迁，迁，一般是指升官。因为汉代贵右贱左，所以将贬官称为左迁。

39. 下列说法不正确的一项是（　　）。

    A. 进士，古代科举制度中通过最后一级中央政府朝廷考试者。科举考试到明清发展为四个级别，最低一级是乡试。

    B. 归沐，本意指"回家沐浴"，后指官吏休假，休假天数在各个朝代有所不同，如汉代"五日一休沐"，唐代"旬休"。

C. 三司，宋代为了加强对内控制，将财政大权从宰相手中分割出来而设置了"度支、户部、盐铁"三司，长官是三司使。

D. 社稷，"社"代表土地神，"稷"代表谷神，反映了百姓的基本生存需求，后来"社稷"被用来借指国家，"民为贵，社稷次之"中的"社稷"即是此义。

40. 下列说法不正确的一项是（　　）。

　　A. 洗沐，沐浴。汉制，官吏五日一休沐，因借指休假。

　　B. 黄老，即古代道教学说。"黄"，指黄帝；"老"，指老子。

　　C. 秩，原指官吏的俸禄，引申为官吏的品级第次。

　　D. 太史公曰，是史记的重要组成部分，用以补叙史事、表达作者思想。

41. 下列说法不正确的一项是（　　）。

　　A. 扬州，古称广陵、江都、维扬，"九州"之一，有"淮左名都，竹西佳处"之称。

　　B. 登极，意思是登上高处，后借指新皇帝即位。

　　C. 檄，本指较长的竹木简，用于书写重要文书，后专指官府用以征召或声讨的文书。

　　D. 袍笏，指古代官员上朝觐见天子或者官员间相互拜访时穿的官服和手拿的笏板。

42. 下列说法不正确的一项是（　　）。

　　A. "讳"指名讳，古时说话写文章遇到君主或尊亲的名字都不直称，说及去世的尊长时，在名字前加"讳"，以表尊重。

　　B. "经"为经学著作，指以孔子为代表的儒家经典，解释经文的书为"传"，二者合称"经传"。

　　C. "举子业"指在科举时代为应试而准备的学业，包括应试的诗文、学业、课业、文字等。

　　D. 辐，车轮的辐聚集到中心；辏，车轮中连接轴心和轮圈的木条。"辐辏"

指人或物像车辐集中于车毂一样聚集。

43. 下列说法不正确的一项是（　　）。

   A. "辇"指古代用人拉或推的车。后词义范围缩小，多指皇帝、皇后的车。

   B. "南阳"是古代地名，按古代地理知识判断，它应该位于山北或者水南的地理位置。

   C. "商贾"意即商人，有"行商坐贾"之分，行走贩卖货物为商，固定地点出售货物为贾。

   D. "闾里"原指里巷的大门，后指平民聚居处，也借指邻居，古代二十五家为一闾。

44. 下列说法不正确的一项是（　　）。

   A. 男，中国古代封建爵制"公、侯、伯、子、男"中的第五等爵位名。

   B. 长史，古代官职名，执掌事务不一，但一般多为幕僚性质的官员。

   C. 薨，古代称诸侯或有爵位的官员死去，也用于妃嫔、皇子、公主、封王的贵族之死。

   D. 谥，古人死后后人给予的或褒或贬的称号，带有"懿、灵、炀"等的谥号往往是美谥。

45. 下列说法不正确的一项是（　　）。

   A. 明经，汉武帝时期出现的选举官员的科目，被推举者须明习经学，故以"明经"为名。

   B. 朔方军，唐朝边疆地区的一支军队，"朔"在空间上指东方，在时间上指农历每月初一。

   C. 屯田制，汉以后历代政府为取得军队给养或税粮，利用士兵和无地农民垦种荒地的制度。

   D. 左丞相，为宰相之职。春秋末齐景公置左、右相各一人，战国时秦武王置左、右丞相各一人，秦代因之，后世时置时废。

46. 下列说法不正确的一项是（　　）。

   A. 校尉是中国古代中级军官。校指军事编制单位，尉即军官，校尉为部队长之意。

   B. 太学是古代设在京城的最高学府，其校长为祭酒，教师称博士，学生叫太学生。

   C. 床起源于商代，甲骨文中已有床字，在汉代使用范围更广，卧具、坐具都可称床。

   D. 《诗》《书》指《诗经》和《尚书》，与《礼》《乐》《春秋》并为儒家"五经"。

47. 下列说法不正确的一项是（　　）。

   A. 廊庙，即殿下屋和太庙，代指朝廷。以具体代指抽象，这与"社稷"代指国家有异曲同工之妙。

   B. 中允，汉代设置的太子官属，又称中盾，南朝宋齐称中舍人。唐贞观复改为中允，清末废除。

   C. 知，即担任。可单独作动词使用，如"知开封府"，亦可合作名词使用，如"知县""知府"等。

   D. 翰林学士，与集贤院学士分司起草诏书及应承皇帝的各种文字。唐后期，往往可以升任宰相。

48. 下列说法不正确的一项是（　　）。

   A. 教授，古代学官名称，宋代在各路的州、县学均置教授，掌管学校课试等事。

   B. 郎中，官名，战国始有，秦汉治置。后世以侍郎、郎中、员外郎为各部要职。

   C. 社稷，"社"指谷神，"稷"指土神，古时君主每年都进行祭祀，后借指国家。

   D. 谥，古代皇帝、贵族、大臣或其他有地位的人死后所加的有褒贬意义的称号。

49. 下列说法不正确的一项是（　　）。

A. 甲寅，干支之一。古代把天干、地支按照顺序相配，以六十年为一个周期，循环往复，用来纪年，被称为干支纪年法。

B. 丁母忧指遭逢母亲丧事。旧制，父母死后，子女要守丧，三年不做官，不婚娶，不赴宴，不应考。

C. 庐指古人在父母或老师死后，为守丧而在墓旁构筑居住的屋舍。

D. 谥，古代帝王、贵族、大臣等将死时，按其生前事迹给予寓意褒贬的称号。

50. 下列说法不正确的一项是（　　）。

A. 幕府，本指将帅办公的地方。因将帅出征时住帐幕，故名。后亦泛指军政大吏的府署。

B. 丁内艰，即丁母忧，凡子遭母丧或承重孙遭祖母丧，称丁内艰。旧时遭父丧称"丁外艰"。

C. 刑部，官署名。隋唐至明清中央行政机构六部之一。掌管全国法律、刑狱、典章制度等。

D. 郊祀，我国古代帝王祭祀天地的活动，因在都城之郊，故称郊祀。南郊祭天，北郊祭地。

51. 下列说法不正确的一项是（　　）。

A. 后主，始自《三国志》称刘禅，后来用于称与其经历相似，被俘的割据政权末代君主。

B. 炀帝，"炀"乃谥号，属于批评类。谥号属于批评类的国君还有"赵武灵王""汉献帝"等。

C. 顿首，即以头叩地而拜，是古代交际礼仪；又常常用于书信、奏表中作为敬词。

D. 中使，即宫中派出的使者，多指宦官。

52. 下列说法不正确的一项是（　　）。

　　A. 东宫，古代宫殿名，因在皇宫东面而得名，后也借指居住在此的太子。

　　B. 移文，官府用于征讨、晓谕或声讨的文书，也称为"移书"或"檄文"。

　　C. 薨，古代称诸侯或有爵位的官员的死亡，也可用于妃嫔、皇子、公主等。

　　D. 配享，指臣子在帝王宗庙得到附带祭祀，是古代奖励功臣的一种恩典。

53. 下列说法不正确的一项是（　　）。

　　A. 顿首，指磕头。古代的一种交际礼仪。跪拜礼之一，为正拜。以头叩地即举而不停留。

　　B. 诸侯，古代井田制中各方君主的统称，最迟可以追溯到西周时期。周代分公、侯、伯、子、男五等，汉朝分王、侯二等。

　　C. 孟尝君是战国四公子之一。君是爵位，也是称呼。田文，因字为孟，封地为尝邑，承袭其父君位，所以叫孟尝君，《战国策》也有记载。

　　D. 质，古指一国为保证履行某种条约或诺言而派遣到对方国内作抵押的人。一般是国君的儿子、亲属或重臣。

54. 下列说法不正确的一项是（　　）。

　　A. 曾，指隔两代的亲属。不同的代际血缘关系用语不同，如隔三代的称"从"，同祖父的称"堂"。

　　B. 公车，汉代官署名，设公车令，掌管宫殿司马门警卫。天下上书言事及征召等事宜，经由此处受理。

　　C. 不讳，指死亡。汉语中的"死"婉辞众多，蕴含中华民族礼制、民俗宗教等文化相关现象。

　　D. 赞是用以阐发史家或注家对人物、事件的评论的文体，作用有类《史记》每篇末的"太史公曰"。

55. 下列说法不正确的一项是（　　）。

　　A. 乘舆：旧时指皇帝或诸侯所用的车舆，也泛指御用器物等。

　　B. 受禅：旧指王朝更迭，新皇帝承受旧帝让给的帝位。

C. 幽州：古代行政区划，大致指现在的甘肃、宁夏一带，历代都是军事重镇、商交中心。

D. 屯田：古代利用兵士在驻扎的地区一面驻守一面垦殖荒地的措施。

56. 下列说法不正确的一项是（　　）。

   A. 太常，古代朝廷掌管礼乐社稷、宗庙礼仪之官，地位很高，太常丞是其属官之一。

   B. 豪右，古代的豪门大族。古代以右为上，豪门大族多居于所在地之右，故而得名。

   C. 永兴军，指北宋时驻扎永兴的军队，隶属兵部。

   D. 天章阁，宋朝珍藏真宗御制文集、御书的藏书阁名，官员有天章阁学士、待制等。

57. 下列说法不正确的一项是（　　）。

   A. 世祖，庙号。一般用于王朝最初建立者，也可用于该王朝承上启下的有为君主。

   B. 爵，古代君主对贵戚功臣的封赐，我国古代春秋时期设有公、侯、伯、男四等爵位。

   C. 乞身，古代以做官为委身事君，故称请求辞职为乞身。它与"乞骸骨"意思相同。

   D. 三老，古代一种荣誉职位。相传统治者设三老、五更各一人，以父兄之礼尊养。

58. 下列说法不正确的一项是（　　）。

   A. 嗣位指继承君位，我国封建王朝通常实行嫡长子继承制，君位由最年长的嫡子继承。

   B. 致仕，交还官职，即辞官。实际是官员受到权臣诋毁，不得不请求退职的委婉说法。

   C. 江左，就是江东，指长江下游江南一带；关右，就是关西，指潼关、函谷关以西。

D. 东宫是太子所居之宫，后来又可以借指太子，这与中宫又可以借指皇后是同样道理。

59. 下列说法不正确的一项是（　　）。

　　A.《离骚》是屈原创作的浪漫主义作品，倾诉了作者对楚国命运和人民生活的关心，开创了中国文学上的"骚体"诗歌形式。

　　B.《国风》是《诗经》"风、雅、颂"三大内容中的"风"，是《诗经》的精华，是民间歌谣，是中国现实主义诗歌的源头。

　　C.《易》，我国古代有哲学思想的占卜书，后来成为儒家重要经典，也称《周易》或《易经》，对中华文化产生深远影响。

　　D. 太傅，中国古代官职名。古代三公(太师、太傅、太保)之一，颇有实权，东汉以后各朝代都有设置，多为赠官、加衔之用。

60. 下列说法不正确的一项是（　　）。

　　A. 节度使是宋代开始设立的地方军政长官。节是一种全权印信，受有此印信者，可全权调度。

　　B. 绍兴是宋高宗的年号，取"绍祚中兴"之义，现今绍兴城的名字也是从此时开始得名。

　　C. 忠义人是南宋时朝野上下对北方广大沦陷区不堪民族压迫，拿起武器同金人进行斗争的百姓的称呼。

　　D. 屯田是汉以后历代政府为取得军队给养或税粮由政府直接组织经营的一种农业集体耕作制度。

61. 下列说法不正确的一项是（　　）。

　　A. 廷试，又称"御试""殿试""廷对"等，是唐、宋、元、明、清时期科举考试的最高一级。廷试在殿廷上举行，由皇帝亲发策问，乡试中选者始得参与。

　　B. 学宫，即学校。"学宫"一词在西周时期已经出现，与后世经常使用的"辟雍"一词意义相同,是周天子设立的大学,专门用来教授国子和贵族子弟。

C. 科敛,科,本义指衡量、区别谷子的等级品类;敛,指收集、征收。科敛意为按规定条文或假借名目向百姓摊派费用,凑集或搜刮钱粮、丁口等。

D. 阴合指暗中联合,战国时期有很多这样的例子,例如秦国使用"连横"的手段,暗中联合多国与自己达成"虚假"同盟,最终成功统一天下。

62. 下列说法不正确的一项是(　　)。

　A. 辛卯,干支之一。"干"指天干,"支"指地支,上下相配以纪年,如"辛卯"之前是"庚子",之后是"壬辰"。

　B 公车,汉代官署名,因汉代曾用公家车马接送应举的人,后便以"公车"泛指入京应试的举人或代指举人进京应试。

　C. 编旗籍,清代对犯人的一种处罚,即把释放的犯人的户籍编入军队,加以管制。八旗汉军旗是清朝八旗的三个组成部分之一。

　D. 幽燕,古称今河北北部及辽宁一带。唐以前属幽州,战国时属燕国,故名。"幽"即古幽州,"燕"也是河北的别称。

63. 下列说法不正确的一项是(　　)。

　A. 皇考,可指亡父;太夫人,可指母亲,汉代列侯之妻称夫人,列侯死,子称其母为太夫人。

　B. 戌,地支的第十位,可与天干搭配来纪年、月、日、时。

　C. 进士,为通过殿试者,头名为状元;通过会试者称为贡士,头名会元;通过乡试者称为举人,头名解元。

　D. 判官与推官,均为州郡长官的属官,前者掌管文书工作,后者掌管刑事;枢密,为全国最高军事长官。

64. 下列说法不正确的一项是（　　）。

A. 秩，指官吏的俸禄，也指官吏的品级。

B. 丞，指古代辅佐帝王的最高官吏，也指各级长官的副职，如府丞、县丞等。

C. 殿，后也。古代行军时，处在前面曰启，处在最后曰殿，如殿后、殿军等。

D. 胄，中国古代将士防护胸部的装具。常与护体的铠甲配套使用，称"甲胄"。

65. 下列说法不正确的一项是（　　）。

A. 路，两宋省级行政区域名。省级行政区域名，各个朝代不同，如汉为州，唐为道。

B. 漕司，即"漕运司"，宋代管理催征税赋、办理漕运等事务的官署或官员。

C. 幕，即"幕府"，古代将帅或地方军政长官设立府署招纳人才帮助自己处理事务。

D. 号，即个人的别称，都由自己取定，与名字相关，以表达个人的情怀。

66. 下列说法不正确的一项是（　　）。

A. 进士，指科举制度中通过殿试的人。隋炀帝大业年间始置进士科目。

B. 汉时凡尊长或官长告诫子孙或僚属，皆称敕。南北朝以后专指皇帝诏书。

C. 古代官员正常退休叫"致仕"，也称"致事""致政"。

D. 秩，本指根据功过确定的官员俸禄，后引申为根据功过评定的官员品级。

67. 下列说法不正确的一项是（　　）。

A. 露门学，北周中央官学。武帝天和二年（567年）立露门学，为贵族子弟学校。

B. 使君，官名，汉以后尊称州郡长官。汉乐府民歌《陌上桑》中"使君从南来,五马立踟蹰"句中的"使君"指的则是太守刺史的意思。

C. 下车,指官吏刚刚到任。与《张衡传》中"衡下车,治威严"句中的"下车"是一个意思。

D. 扬州道,意为扬州的道路。与辛弃疾的《永遇乐·京口北固亭怀古》中"望中犹记,烽火扬州路"句中的"扬州路"的意思相同。

68. 下列说法不正确的一项是（　　）。

A. 居摄,指皇帝因年幼、疾病、出逃等不能亲政,由大臣代居其位处理政务。

B. 正朔,一年的第一天。古代改朝换代,新立帝王都要改定正朔,新颁历法。

C. 太牢,帝王祭祀时用羊、豕两牲为"太牢",用牛、羊、豕三牲为"少牢"。

D. 公主,封建社会皇帝之女的封号,因和亲等出嫁的宗女或宫女,也封公主。

69. 下列说法不正确的一项是（　　）。

A. 鼎食,古代贵族吃饭时都要鸣钟列鼎而食,后泛指富贵人家,如王勃《滕王阁序》"闾阎扑地,钟鸣鼎食之家"。

B. 丝竹,指弦乐器和管乐器,如琴瑟箫笛等,后泛指音乐,如刘禹锡《陋室铭》"无丝竹之乱耳,无案牍之劳形"。

C. 四海,古代认为中国四周环海,因而称四方为"四海",泛指天下各处,如《论语》"四海之内,皆兄弟也"。

D. 晦,指农历每个月的第一天,朔日的前一天,如庄子《逍遥游》"朝菌不知晦朔,蟪蛄不知春秋,此小年也"。

70. 下列说法不正确的一项是（　　）。

A. "棋局"即棋盘。象棋古称象戏,围棋古称弈、烂柯,这两种棋类游戏均起源于我国。

B. 赐可指皇帝封赏,赐予的爵位是可世袭的特权身份,三代无功则可能被收回。

C."缄"本义为书信封口或者扎束器物的绳，引申为动词封闭、收藏，也可以代指书信。

D."日中"是我国古代计时的十二时辰之一，又名日正、中午，相当于现在的中午12点钟。

71. 下列说法不正确的一项是（   ）。

A. 乾祐，指年号。年号是封建王朝用来纪年的名称。

B. 漕挽，"漕"指水路运输，"挽"指陆路运输。

C. 赐绯，赐给绯色官服。指官员官品不及而皇帝推恩特赐准许服绯，以示恩宠。

D. 权，暂时代理官职。一般指官吏补充缺职，也可指由候补而正式任命。

72. 下列说法不正确的一项是（   ）。

A. 节度，即节度使，唐代开始设立的地方军政长官，可全权调度一地的军、民、财三政。

B. 崩，古时用来比喻帝王或王后的死。诸侯或有封爵者死称薨，大夫死称不禄，士死称卒。

C. 寡人，即寡德之人，意为"在道德方面做得不足的人"，是古代君主、诸侯王对自己的谦称。

D. 郊祀，古时君王会带领诸大臣，依据礼法于国都郊外祭祀天地，为百姓和国家祈福。

73. 下列说法不正确的一项是（   ）。

A. 夺情，同丁忧，朝廷于大臣丧制未终时，召出任职；或者不必弃官去职，素服治事。

B. 抗疏，为中国古代臣子向皇帝上书言事之时所采取的一种直言不讳的进谏方式。

C. 台谏，指台官和谏官，唐宋时以专司纠弹的御史为台官，以职掌建言的给事中等为谏官。

D. 建储，指以血缘关系为纽带实行世袭制的封建社会里，确立皇族的人为皇太子。

74. 下列说法不正确的一项是（　　）。

　　A. 登进士第：考中进士。进士指古代科举制度中通过最后一级中央政府朝廷考试者。

　　B. 监察御史：古代官职名，掌管监察百官、巡视郡县、纠正刑狱、肃整朝仪等事务。

　　C. 江州：唐、宋时行政区划之一。白居易"江州司马青衫湿"中"江州"亦为此地。

　　D. 户部：隋唐至明清中央行政机构的六部之一。掌管全国土地、水利、赋税、财政等。

75. 下列说法不正确的一项是（　　）。

　　A. "博士"的称谓最早在战国就作为官名出现了，它在不同的朝代中职责有所变化，后也指专精某一行业的人。

　　B. "咸平"是宋真宗的年号。年号是中国封建王朝用来纪年的一种名号，一般由皇帝发起，多为吉祥美好的字眼。

　　C. "拜"既可以指授予官职，也可以指接受任命。古汉语中表示授予官职的词还有"除""授""迁""封"等。

　　D. "河"在古代特指黄河，"河内"指今河南境内黄河以北的地方，"河东"是黄河以东的地方，在今山西西南部。

76. 下列说法不正确的一项是（　　）。

　　A. 行摄同义复合，摄即"摄政王"之"摄"，有代理政事、暂任官职的意思。

　　B. 三代，尧、舜、禹三代的统称，礼乐制度比较完备，故孔子据以考订礼乐。

　　C. 六艺，古代贵族教育的六种技艺，即礼、乐、射、御、书、数，也指儒家教育的六经。

D. 孔里，即孔林，为孔子及其后代子孙之墓地，与孔庙、孔府统称曲阜三孔。

77. 下列说法不正确的一项是（　　）。

　　A. 锦衣卫：明清两代长期设置的军政搜集情报机构，从事侦察、逮捕、审问等工作，也参与收集军情、策反敌将的工作。

　　B. 会试：中国古代科举制度中的中央考试，由礼部主持。应考者为各省的举人，录取者称"贡士"，第一名称"会元"。

　　C. 伯：爵位，中国古代封建制度五等爵位的第三等。爵位是古代君主对贵戚功臣的封赐。

　　D. 三孤：少师、少傅、少保的合称，是三公的副职。其地位低于公而高于卿。明清时是荣衔。

78. 下列说法不正确的一项是（　　）。

　　A. 讳，旧时对帝王将相或尊长不敢直称其名，谓之避讳。又特指亡故者之名，人死后书其名，名前称讳，以示尊敬。

　　B. 士，古代统治阶级中次于卿大夫的一个阶层，如士大夫，还指读书人。

　　C. 经，作为思想、道德、行为等标准的书，亦称宗教中讲教义的书，或称某一方面事务的专著。

　　D. 亥，古代十二地支和十二月份相配以纪月，十月属亥。具体是指：正月寅、二月卯、三月辰、四月申、五月午、六月未、七月巳、八月酉、九月戌、十月亥、十一月子、十二月丑。

79. 下列说法不正确的一项是（　　）。

　　A. 弱冠，古代男子20岁行冠礼，表示已经成人，但体犹未壮，所以称"弱冠"。后人用"弱冠"称20岁左右的男子。

　　B. 尚书郎，官职名。东汉始置。魏晋以后，尚书省分曹，各曹有侍郎、郎中等官，通称尚书郎。

C. 从，指堂房亲属。如堂兄弟称从兄弟，堂伯叔称从伯叔。从兄，比自己年长的同祖叔伯之子。

D. 左右，一指左右两边，一指身边侍候的人，近臣。与《游褒禅山记》中的"然视其左右"里的"左右"意思一样。

80. 下列说法不正确的一项是（　　）。

A. 御史，官名，负责监察百官，与《廉颇蔺相如列传》中的"秦御史前书曰"中的"御史"职责不同。

B. 茶马，中国历史上汉藏民族间以茶马互易为中心内容的贸易往来。

C. 熹宗，庙号，帝王死后在太庙立室奉祀时特起的名号，和年号一样，始于西汉。

D. 佥事，相当于现在的副职或者助理等职。

81. 下列说法不正确的一项是（　　）。

A. 后主，始自《三国志》称刘禅，后来用于称与其经历相似，被俘的割据政权末代君主。

B. 侍郎，汉代为郎官的一种，东汉后为尚书属官，唐代以后六部均以侍郎为长官之副。

C. 炀帝，指隋炀帝杨广，"炀"乃谥号，谥号有表扬、批评、同情等类，"炀"属于同情类。

D. 中使，即宫中派出的使者，多指宦官。

82. 下列说法不正确的一项是（　　）。

A. 进士，是对中国古代科举考试制度中通过最后一级中央政府朝廷考试者的称呼。

B. 两淮，是个方位地理概念，泛指今天江苏和安徽两省长江淮河之间的地区。

C. 礼部，古代六部之一。六部各司其职，如工部掌管工程营造、屯田、水利、漕运等事务。

D. 宪职，负责弹劾纠察的官吏，一般都相当于都御史、御史一类官职。

83. 下列说法不正确的一项是（　　）。

　　A. "六经"是孔子晚年整理的《诗》《书》《礼》《易》《乐》《春秋》六部先秦古籍。

　　B. 手诏一般指帝王亲手所写的诏书，多不经别人草拟及颁宣等程序而直接下达受诏人。

　　C. 朋党原指同类人相互勾结，后为因政见不同相互倾轧、排斥异己的宗派集团统称。

　　D. 文正是古代文臣最尊荣的谥号，只有兼具文韬武略之功的人才能获得，如范仲淹。

84. 下列说法不正确的一项是（　　）。

　　A. 太学是中国古代的国立大学，学生的出身多为官宦子弟，亦有家境贫寒者。入太学学习可称为"受业太学""游太学""观太学"。

　　B. 工部是中国封建时代中央官署名，六部之一，长官为工部尚书，掌管土木、水利、屯田、手工业等事项。

　　C. 祠是为纪念死去的伟人名士而修建的供舍，与庙有些相似，如"武侯祠"；后来也常常把同族子孙祭祀祖先的处所叫"祠堂"。

　　D. 控辞即请求辞免。古人辞官、退休的说法有很多，比如乞骸骨、致仕、挂冠、告老等，原因不一。

85. 下列说法不正确的一项是（　　）。

　　A. 游学，指离家到远处求学。游学精神可溯源于春秋战国时期，道家追求的逍遥游是现代游学的始源。

　　B. 孝廉，汉代选举官员的科目。汉代推举孝悌、清廉之士的察举制与征辟相反，自下而上选拔官员。

　　C. 士人，读书人。在崇儒社会，读书人普遍把《礼记·大学》中提出的"修齐治平"作为理想。

D. 郡县，行政区划名。郡县制是古代中国在中央集权体制下，实行郡、县两级管理的地方行政制度。

86. 下列说法不正确的一项是（　　）。

   A. 改元。指新君即位后改用新的年号，也指君王在位期间多次改用新年号。

   B. 诏狱，指奉皇帝命令拘押犯人的监狱，也指需皇帝下诏书才能系狱的案件。

   C. 锦衣，即锦衣卫，是明代直属于皇帝的专有军政搜集情报机构，清代取消。

   D. 赠，也称追赠，是指给已经死去的官吏或他的父祖、子孙追授官职爵位。

87. 下列说法不正确的一项是（　　）。

   A. 洪武，年号。古代一个皇帝一个年号，故常用年号作为皇帝的称呼。

   B. 国子生，国子监的学生。国子监是明、清两代的教育管理机构和最高学府。

   C. 丁母忧，即遭遇母亲丧事。中国古制，朝廷官员若父母去世，需回家居丧。

   D. 漕道，旧时指国家用来运输粮食，供应京城或接济军需的水道。

88. 下列说法不正确的一项是（　　）。

   A. "戎"是古代中原王朝对北部地区少数民族的统称，"陆浑戎"即来自中原北方陆浑的少数民族部落。

   B. "虞夏"指有虞氏之世和夏代。有虞氏是远古部落名，舜是虞氏最后一位统治者，称"虞舜"，相传舜禅位禹，夏代由此开始，称为"夏禹"。

   C. "肉袒牵羊"是古代战败投降的一种仪式。"肉袒"指脱去上衣，露出肢体，以示降服或谢罪。"牵羊"指牵着羊，表示犒劳军队。

   D. "质"是"质子"，是古代君主为表示诚意与妥协，派往敌方或他国去的人质，多为王子或世子等贵族。

89. 下列说法不正确的一项是（　　）。

   A. 苗裔中的"苗"取植物初生、禾谷结实之意，"苗裔"后就引申为世代较远的子孙。

   B. "弑"在我国古代指子杀父，臣杀君，"诛"和"杀"则主要用于杀有罪，杀不仁者。

   C. 古人认为身体发肤受之父母，不敢毁也，是为孝；故剃光头发的髡刑是一种羞辱。

   D. "顿首"，行礼时，头碰地即起，头触地面时间短暂，"叩头"是它的俗称。

90. 下列说法不正确的一项是（　　）。

   A. 千乘，兵车千辆，古以一车四马为一乘；战国时的诸侯国，小者称千乘，大者称万乘。

   B. 孽子，古称妾媵所生之子；又因"孽"有忤逆之义，故现常指不孝之子。

   C. 廷尉，古代官名，为九卿之一，是秦汉时期中央掌管军事的最高官员，后亦称大理。

   D. 二千石，汉代对郡守的通称，汉郡守俸禄为二千石，即月俸百二十斛，因而有此称。

91. 下列说法不正确的一项是（　　）。

   A. 经史，我国传统图书一般分为经史子集四部。经部指各种历史书，史部指儒家经典。

   B. 羽林，汉代禁卫军，汉武帝时创设，为皇帝之护卫，主要负责护送保卫。

   C. 高丽，朝鲜半岛历史上的王朝，即王氏高丽。我国习惯上多沿用来指称朝鲜。

   D. 赠，是朝廷对功臣的先祖或功臣本人死后追封爵位官职，对活着的官员则用"封"。

92. 下列说法不正确的一项是（　　）。

　　A. 孙子，即《孙子兵法》，作者是《过秦论》中提到的战国著名军事家孙膑。

　　B. 掾，本义为辅助，后来为副官佐或官署属员的通称。

　　C. 侯，爵位名，中国古代施行五等封爵制——公、侯、伯、子、男，侯为其中第二等。

　　D. 车驾，我国古代指帝王所乘之车，亦用为帝王代称。

93. 下列说法不正确的一项是（　　）。

　　A. 氏，中国古代的氏是一个家族的所有后代的共同称号，姓为氏中衍生出的分支。

　　B. 齐诗，汉代传习《诗经》的有齐、鲁、毛、韩四家，齐诗创始人为齐人辕固生。

　　C. 行服，穿孝服居丧。

　　D. 昆弟，指兄弟，亦可指同辈的人，还可用以比喻关系的亲密友好。

94. 下列说法不正确的一项是（　　）。

　　A. 庶务，"庶"字的本义是众多的，"庶务"指众多的或各种政务，亦指这些事务的经办人员。

　　B. 檄文，指古代用于晓谕、征召、声讨等的文书，特指声讨敌人或叛逆的文书。也指战斗性强的批判、声讨文章。

　　C. 闰月，农历逢闰年加一个月，闰某月指加在某月之后的那个月。

　　D. 减膳，古代皇帝和大臣在发生天灾或天象变异时吃素或减少肴馔，以示自责。

95. 下列说法不正确的一项是（　　）。

　　A. 朕：人称代词。秦代以前是人称代词，指"我的"或"我"，如《离骚》中"回朕车以复路"。自秦始皇起专用于皇帝的自称。

　　B. 朔：天文学名词，又称新月。指每月农历月末，与"望""既望""晦"

等均指农历每个月的特定日子。

C. 苏洵：眉阳人，与两个儿子苏轼、苏辙被世人并称为"三苏"，也是"唐宋八大家"中宋代古文运动的核心人物之一。

D. 稽首：指古代跪拜礼，跪下并拱手至地，头也至地，为"九拜"中最隆重的一种。稽，停留，拖延。稽首就是头触碰在地上且停留一会儿。

96. 下列说法不正确的一项是（　　）。

A. 字，十八岁成年加冠时起的，字和名有意义上的联系。字是为了便于他人称谓，对平辈称字是出于礼貌和尊敬。

B. 武帝，指武皇帝的意思，也就是说这个皇帝在生前取得的成就是武功。开疆扩土，发动战争，如汉武帝。

C. 山东，地理区域名，最早始于战国时期，主要指崤山、函谷关以东的黄河流域，有时也泛指战国时期秦国以外的六国领土。

D. 太守，是秦朝至汉朝时期对郡守的尊称。汉景帝更名为太守，为一郡的最高行政长官，历代沿置不改。

97. 下列说法不正确的一项是（　　）。

A. 封事，密封的奏章，古时臣下上书奏事，为了防止泄漏，用皂囊封缄。

B. 关东，秦汉时指山海关以东地区。"沛公欲王关中"的"关中"则指其西地区。

C. 水衡，官名，水衡都尉、水衡丞的简称。汉武帝时期所置，掌管皇家上林苑。

D. 盘庚，商朝君主，他继位后把都城迁到殷（今河南安阳），史称"盘庚迁殷"。

98. 下列说法不正确的一项是（　　）。

A. 刺，即名刺，又称"名帖"，拜访时通姓名用的名片，是古代官员交际不可缺少的工具。发展成为现代社会的名片，在当今社会交往中被广泛使用。

B. 父忧，就是父亲去世后要遵守的制度。古人在父母去世后要守丧，为父亲守丧称丁外艰，为母亲守丧称丁内艰。丧期一般为三年，其间需要断绝一切娱乐活动。

C. 迁授，"迁"指调动官职，一般是升官；"授"指授予官职。表示升官的词语还有"拔""擢""右迁""除"，表示贬官的词语有"贬""谪""左迁"等。

D. 侍坐，指位卑者在尊者、长者的近旁陪坐，或者指尊者、长者坐着，位卑者站立在一旁进行侍奉。

99. 下列说法不正确的一项是（   ）。

A. 三秦，指潼关以西的秦朝故地关中地区。项羽曾将此地封给秦军三位降将，故得名。

B. 趋，小步疾行而前，表示敬意。

C. 孝惠，指汉朝皇帝刘盈，孝惠是其庙号。庙号是皇帝于庙中被供奉时所称呼的名号。

D. 百岁，死的委婉说法。遇有忌讳的事物，不直说该事物，而需用其他的话委婉表述。

100. 下列说法不正确的一项是（   ）。

A. 诸田：指齐王田氏宗族的各个分支，齐国原为姜姓吕氏，至齐康公时被大夫田和篡权。

B. 劓：割去鼻子，古代五刑之一，"五刑"均为酷刑，一般指墨、劓、刖、宫、大辟。

C. 行伍：古代军队中五人为"伍"，二十五人为"行"，因此被后世用作军队的代称。

D. 封：古代帝王把土地或爵位给予亲属或臣僚，所封的土地和爵位子孙可以世代承袭。

101. 下列说法不正确的一项是（　　）。

　　A. 谱牒，记述氏族或宗族世系的书籍，具有区分家族成员血缘关系亲疏远近的作用。

　　B. 忝，很常见的敬辞，是有愧于做某事的意思；忝膺，用来表示惭愧受任某一职位。

　　C. 薨，古代称诸侯、皇帝的高等妃嫔及皇子公主，封王的贵族或有爵位的大官之死。

　　D. 里，指城市之中人口、商铺等相对集中的某一区域，类似于今天我们所说的街区。

102. 下列说法不正确的一项是（　　）。

　　A. 舍：古代行军三十里为一舍。此处意思与成语"退避三舍"中的"舍"相同。

　　B. 迁：古代指官职的晋升、调动或贬谪。

　　C. 节度使：宋代开始设立的地方军政长官，因受职时，朝廷赐以旌节而得名。

　　D. 王人：古代指国君、天子的使臣或君王的臣民。

103. 下列说法不正确的一项是（　　）。

　　A. 以字行，是指在古代社会生活中，某人的字得以通行使用，他的名反而不常用。

　　B. 姻亲，指由于婚姻关系结成的亲戚，它与血亲有同有异，只是血亲中的一部分。

　　C. 母忧是指母亲的丧事，古代官员遭逢父母去世时，按照规定需要离职居家守丧。

　　D. 私禄中的"禄"指俸禄，即古代官员的薪水。

104. 下列说法不正确的一项是（　　）。

　　A. 会试，中国古代科举制度中的中央考试。应考者为各省的举人，录取者称为"贡士",第一名称为"会元"。

B. 秩满,指古代官员任职期满。唐代诗人孟浩然有"秩满休闲日,春馀景气和"(《同张明府碧溪赠答》)的诗句。

C. 经筵,指汉唐以来帝王为讲经论史而特别设置的御前讲席。置讲官以翰林学士或其他官员充任或兼任。

D. 及笄,古代女子满15岁把头发绾起来,戴上簪子,表示已成年,可以婚嫁。举行及笄礼时要为女子正式起名。

105. 下列说法不正确的一项是（　　）。

A. 封事,密封的奏章,臣下上书奏事,为防泄漏,用黑袋封缄,贴封条呈进,故称。

B. 监军,指监督军队的官员,一般由朝廷临时差遣,代表朝廷协理军务,督察将帅。

C. 阙,皇宫门前两边供瞭望的楼,后引申为皇帝居处,借指朝廷,有时也代指京城。

D. 谥,古代帝王、大臣等死后,按照其生平事迹评定的称号,如景帝、太宗、文正。

106. 下列说法不正确的一项是（　　）。

A. 百乘即一百辆兵车,"乘"指四马一车,"百乘""千乘"常用作兵力的代称。

B. 兵部:官署名。隋唐至明清时中央行政机构的六部之一。主管全国武官选用和兵籍、军械、军令等事宜。

C. 陵寝:古代帝王陵墓的宫殿寝庙,借指帝王陵墓。其名号一般是根据大行皇帝生前的功过和世系而取定。

D. 文庙:即孔庙,为纪念思想家、教育家孔子的祠庙建筑。历代中又被称作夫子庙、老君庙、文宣王庙等。

107. 下列说法不正确的一项是（　　）。

A. 庶吉士，亦称"庶常"，中国明清两朝翰林院内的短期职位，常在通过科举考试的进士人员中择优录用。

B. 寸管，毛笔的代称。古人对毛笔有很多种说法，如"不律""毫素""龙须""毛颖"等。

C. 骈俪，中国古代以字句两两相对而成篇章的文体，讲究声律的协调、用字的绮丽，盛行于南北朝。

D. "诣阙"就是奔赴皇宫、朝廷或都城。阙，原指帝王宫殿的台阶，后引申为皇帝的居处，又可代称朝廷、京城。

108. 下列说法不正确的一项是（　　）。

A. 学田，旧时办学用的公田，以田地收益作为祭祀、教师薪俸及补助读书人士的开支。

B. 御史，西周时设置的官职，起初专门负责监察朝廷官吏，隋以后兼负记录历史之责。

C. 榷茶，旧时对茶叶的种植、交易等所实施的征税、管制、专卖等一系列的限制措施。

D. 殿最，古代考核政绩或军功，上等称"最"，下等称"殿"。

109. 下列说法不正确的一项是（　　）。

A. 请谳，指古代下级官吏遇到疑难案件不能决断时，请求上级机关审核定案。

B. 服阕，三年守丧期满除服之意，古代有为父母服孝三年的礼制，期满才可脱孝服。

C. 郡国，郡和诸侯国的并称，汉代分天下为郡与国，都直属中央，国是诸侯王的封地。

D. 近幸，指受到帝王宠幸的皇妃、宫女，其往往假借皇威勾结朝臣干预朝政。

110. 下列说法不正确的一项是（　　）。

   A. 父忧，为"丁父忧"省写，丁忧是古代官员在父母亲去世后必须停职守制的制度。

   B. 迁，在古代可指变动官职，表示升职的有超迁、迁陟、左迁，表示降职的有迁黜、迁封、迁谪、迁窜等。

   C. 东宫，借指居住东宫的储君。汉代时，皇太后的居处在未央宫东，故也用来指皇太后。

   D. 中书省，古代皇帝直属的中枢官署，隋唐时，成为全国政务中枢，为中央最高政府机关，明朝时被废除。

111. 下列说法不正确的一项是（　　）。

   A. 屯田：利用戍卒或农民、商人垦殖荒地。汉以后历代政府沿用此措施取得军饷和税粮。有军屯、民屯和商屯之分。

   B. 驻跸：皇帝后妃外出，途中暂停小住或帝王出行时，开路清道，禁止通行。也泛指跟帝王行止有关的事情。

   C. 宗社：宗庙和社稷。宗庙是古代帝王、诸侯祭祀祖宗的庙宇，社稷分别是谷神和土神。宗社、社稷都可代表国家。

   D. 漏：古代计时器，铜制有孔，可以滴水或漏沙，有刻度标志以计时间。如"铜壶滴漏"（亦称"铜壶刻漏"），"漏尽更深"。

112. 下列说法不正确的一项是（　　）。

   A. "宾客"指投靠在贵族、官僚、豪强门下的一种非同宗的依附者。

   B. "郎中"是官名，职位仅次于尚书、侍郎、丞相的高级官员。

   C. "学士"指古代对那些在国学里读书的学生授予的学位名称。

   D. "赠"指古代皇帝为已死的官员及其亲属加封官爵或荣誉称号。

113. 下列说法不正确的一项是（　　）。

   A. 路，两宋行政区域名。行政区域名，各个朝代不同，如汉为州、唐为道、元为行省。

B. 漕司，即"漕运司"，是宋代独有的管理催征税赋、办理漕运等事务的官署或官员。

C. 幕，即"幕府"。古代将帅或地方军政长官设立府署招致人才帮助自己处理事务。

D. 二府，是宋代最高国务机关。西府"枢密院"主管军务，东府"政事堂"主管政务。

114. 下列说法不正确的一项是（　　）。

A. 郡，我国古代的地方行政区域，周制县大郡小，秦统一六国后，郡大县小。

B. 曹，古代官吏分科办事的官署或部门，如唐代各州有兵曹、法曹、户曹等。

C. 省，本指王宫禁署，后为官署名称，如尚书省、中书省、门下省等。

D. 阙，原指皇宫门前两边供瞭望的楼台，后专指帝王所居之处或朝廷。

115. 下列说法不正确的一项是（　　）。

A. 汉文帝刘恒，因为他擅长于政治经济的治理，所以庙号被尊为"文"。

B. 匈奴，汉朝时活跃于我国北方的游牧民族，屡次进犯边境，对西汉政权造成强大威胁。

C. 尺籍伍符，指记载军令、军功的簿籍和军士中各伍互相作保、不容奸诈的守则。

D. 持节，节即符节，缀有牦牛尾的竹竿，古代使臣奉命出使时，必执符节以为凭证。

116. 下列说法不正确的一项是（　　）。

A. 泰山，又名岱宗、东岳等，源于"泰山之力"的典故，后人转称妻父为"泰山""岳父"，称妻母为"泰水""岳母"。

B. 同治四年，是帝王年号纪年。与姚鼐《登泰山记》中提到的"戊申晦"干支纪年一样，都是古人记录时间的方法。

C. 四更,在十二时辰的丑时,即凌晨一时至三时,也叫"四鼓"。古代一夜分为五更,每更一个时辰,以打更击鼓报时。

D. 女墙,城墙上面呈凹凸形的短墙,是古代传统的防御建筑。刘禹锡就有"淮水东边旧时月,夜深还过女墙来"的诗句。

117. 下列说法不正确的一项是(　　)。

A. 字,成年时由尊长所取,对平辈或长辈称字,以示尊重。常常与名构成近义或反义关系。

B. 《六经》,指六部儒家经典,分别是《诗》《书》《礼》《乐》《易》《春秋》,而其中的《乐》失传,其余五部合称"五经"。

C. 黥、刖,古代五刑中的两种。前者是在面部刺字,是较轻的一种;后者是砍掉双脚或脚趾的酷刑。

D. 搢绅,把笏板插在带间,引申指士大夫。是以装束代指身份,类似的如"纨绔""白衣""青衫""五陵年少"等。

118. 下列说法不正确的一项是(　　)。

A. 孝廉,汉武帝时设立的察举考试的一种科目,《陈情表》中"察臣孝廉"即是此意。

B. 檄,中国古代官府往来文书中一种上行文书的名称,常用于晓谕、征召、声讨等。

C. 薨,古代称诸侯或有爵位的大官死去为薨,也可用于皇帝的高等级妃嫔和皇子公主。

D. 刺,有检核问事的意思。刺史,官职名,刺史制度是中国古代重要的地方监察制度。

119. 下列说法不正确的一项是(　　)。

A. "移疾"是指托病辞官,多为居官者求退的婉辞。

B. 休致,古代指官吏年老去职,也泛指官员辞官,"勒休致"是指勒令官员去职退休。

C. "大计"是明代官员考核制度，每三年一次，才、守卓异者候升，劣下者依法处置。

D. "同年"，古代所有同年参加科考者的互称，吴鹏曾与同亨父亲同年参加科考，故称。

120.下列说法不正确的一项是（　　）。

A. 山长，宋元时为官立书院设置的官名，讲学兼领院务；明清时改由地方聘请，直到清末，山长制被废除。

B. 幕府，古代军队出征，使用帐幕做将军府署，称之为幕府，后世也称地方军政大吏出行时的府署。

C. 玉帛，指玉器和丝织品，古代常用来作祭祀物品以及国与国之间交往的礼物，后来泛指珍贵的财物。

D. 生祠，旧时指为活人而建的祠庙，建生祠始于西汉，多为民间为纪念官员功德，而自发地在其生前所立。

121.下列说法不正确的一项是（　　）。

A. 铨试，即铨选，选官制度。古代举士、授官相一致。铨选一般是集吏考试、量人授官。

B. 戊申，戊申年。古代用十二天干和十地支循环相配，用来表示年、月、日和时的次序。

C. 步摇，古代妇女的一种首饰。质地多为金银玉石，取其行步则动摇，故名为"步摇"。

D. 庠序，古代的学校。商（殷）代叫序，周代叫庠。后来也用以概称学校或教育事业。

122.下列说法不正确的一项是（　　）。

A. 孝廉是汉代察举制的科目之一，孝廉是"孝顺亲长、廉能正直"之意。后来，这个称呼也变成明朝、清朝对举人的雅称。

B. 肃宗即庙号，古代的皇帝、皇后在去世后会因其生前所为，获得一个具有评价意义的称号,这就是通常意义的庙号。

C. 博士,古为官名。秦汉时是掌管书籍文典、通晓史事的官职,后为学术上专通一经或精通一艺、从事教授生徒的官职。

D. 公车,汉代官署名,臣民上书和征召都由公车接待。

123. 下列说法不正确的一项是(　　)。

A. 经史百家:经,儒家经典著作;史,史书;百家,诸子百家之学,古代指各种学问。

B. "辟"和"征"是汉代起擢用人才的一种制度,皇帝征召称"辟",官府征召称"征"。

C. 太祖,原指先祖的称谓,后多用来指开国帝王的庙号。

D. 郡伯,追赠的封爵;明朝追赠的封爵有郡公、郡侯、郡伯、县子、县男五等。

124. 下列说法不正确的一项是(　　)。

A. "冠",指刚成年,也指二十岁。古代男子二十岁行加冠礼以示成年,但体犹未壮,故称"弱冠"。

B. "进士第"是古代科举时代考选进士,录取时按成绩排列的等第。"进士"是通过朝廷最后一级考试者,意为可以进授爵位之人。

C. "通判"是官名,在知府下掌管粮运、家田、统兵作战等事项,对州府的长官有监察的责任。

D. "阙"是古建筑中一种特殊的类型,是最早的地面建筑之一,为帝王宫廷大门外对称的高台,借指宫廷。

125. 下列说法不正确的一项是(　　)。

A. 太学生,明朝、清朝时太学即国子监的俗称,在国子监就读的学生即被称作"太学生"。

B. 明堂辟雍,中国古代最高等级的皇家礼制建筑之一,用以朝会诸侯、发布政令、祭天和配祀宗祖等。

C. 八坐即"八座",是朝廷执事大臣的合称,晋代包括尚书令、左右仆射、诸曹尚书,但不管几人,皆用此称。

D. 吏部尚书,古代六部中吏部的最高行政长官,吏部掌管官吏任免、升降、考核、封勋以及典礼等事务。

126. 下列说法不正确的一项是(　　)。

A. 秩,指古代官吏的俸禄,也指官吏的官阶、品级。

B. 传檄,指传布檄文。檄文指用于征召、晓谕的政府公告或声讨、揭发罪行等的文书。

C. 谥文懿,谥号是古人对死去的地位高的人给予的或褒或贬的称号,"文懿"是褒扬的谥号。

D. 群经,指儒家经典;百氏,指诸子百家。群经百氏都是科举时代儒生应试考查的内容。

127. 下列对有关文化常识的解说,不正确的一项是(　　)。

A. "封事",指密封的奏章。古代臣下上书言事时,将奏章用皂囊缄封呈进,以防泄漏,谓之"封事"。后世的密奏、密呈,都是封事的一类。

B. "悬鼓",悬挂在架上的鼓,始于周代。《隋书·音乐志下》:"夏后氏加四足,谓之足鼓。殷人柱贯之,谓之楹鼓。周人悬之,谓之悬鼓。"古时官署所挂,供击鼓求见之用。

C. "疏",又称"奏议"或"奏疏",是臣僚向帝王进言所使用文书的统称。疏的本意为"疏通",引申为分条说明的文字。

D. "兵部主事",兵部为中国古代官署名,六部之一,掌管选用武官及兵籍、军械、军令等。明代兵部主事权力最大,凡武卫官军选授简练,均为其掌。

128. 下列说法不正确的一项是(　　)。

A. 突厥,中国古代边疆游牧民族,隋唐之际,与铁勒种族组成帝国,占有漠北之地。

B. 和亲，在历史上专指汉族封建王朝与少数民族首领之间具有一定的政治目的的联姻。

C. 柱国，国都，亦用作官名，战国设置，原为保卫国都之官，后来为最高武官或勋官。

D. 互市，中国历史上指对外贸易或同边境民族间的贸易，最早为汉初同南越和匈奴通商。

129. 下列说法不正确的一项是（　　）。

A. 檄，可指古代官府向上级奏事的文书，或指向下发布征召、晓谕的通告文书，也可指用于声讨、揭发罪行等的文书。

B. 路，宋元时代行政区域名，始于宋代。宋代的路相当于明清的省，元代的路相当于明清的府。

C. 黥，又称墨刑，以刀刻凿人面（体）再用墨涂在刀伤创口上，使其永不褪色。古代在人脸上刺字并涂墨之刑，后亦施于士兵以防逃跑。

D. 郊祀，指古代在郊外祭祀天地的活动，南郊祭天，北郊祭地。在一年中某些重要时日，君王带领三公九卿等诸大臣依据礼法于国都郊外祭祀上天，感恩上苍，为百姓和国家祈福。

130. 下列说法不正确的一项是（　　）。

A. 进士，隋唐科举考试设进士科，录取后为进士。明清时称殿试考取的人。

B. 夺情，古代官员遭父母之丧，丧期未满而强使出仕，称为"夺情"。

C. 礼部，古代官署，主管朝廷中的礼乐、祭祀、户籍、科举和接待外宾等事务。

D. 诏狱，奉皇帝诏令拘禁犯人的监狱，此监狱的罪犯都由皇帝亲自下诏书定罪。

131. 下列说法不正确的一项是（　　）。

A.《伤寒论》为东汉张仲景所著医学经典，是一部阐述外感病治疗规律的专著。

B. 按，小篆字形，形声兼会意字，本意为用手向下压。成语"按图索骥"和《鸿门宴》"项王按剑而跽"中的"按"意思相同。

C. 崇祯辛巳，是年号、干支兼用纪年法。其中，"辛巳"是干支纪年。古人将十天干和十二地支依次相配，组成六十个基本单位，作为序号。

D. 格，有"推究"之意，古文中可表达相似意思的字词还有"稽、原"等。

132. 下列说法不正确一项是（　　）。

A. 弱冠：古代男子20岁行冠礼，表示已成人，但体还未壮。后泛指男子20岁左右年纪。

B. 官秩：指官吏的职位或依品级而定的俸禄。秦汉时期，官的等级称秩，以"石"数区分。

C. 开元：唐朝皇帝唐玄宗李隆基的年号。先秦至汉初无年号，汉光武帝即位后首创年号。

D. 奢僭：僭，古代地位在下的冒用在上的名义或礼仪、器物，尤指用皇家专用的。奢僭指奢侈逾礼。

133. 下列说法不正确的一项是（　　）。

A. 月朔，旧历每月的朔日，指旧历初一；晦，旧历每月的最后一日。

B. 有司，古代设官分职，各有专司，故称"有司"，一般指主管某部门的官吏。

C. 致仕，古代官员辞去官职、退休，此外"致事""休致"等也指官员辞职归家。

D. 户部，古代六部之一，掌管土地、户口、税收、科举等，长官为户部尚书。

134. 下列说法不正确的一项是（　　）。

A. 进士，中国古代科举考试中，通过最后一级中央政府考试的人，即殿试及第者。

B. 幕府，古代君王或军中将帅处理政务之地，用帐幕搭建，故称之，也泛指衙署。

C. 刀笔吏，指文职官员或掌管文案的官吏，因为古代读书人常用刀和笔修改文字。

D. 夷，古代泛指华夏民族以外的各族，东夷、西戎、南蛮、北狄统称蛮夷或四夷。

135. 下列说法不正确的一项是（　　）。

A. 童丱(guàn)，指童子。丱，丱角，儿童发式。北齐颜之推《颜氏家训·勉学》："蛮夷童丱，犹能以学成忠。"

B. 簪笔厕从，插笔于冠或笏，以备书写。古代帝王近臣、书吏及士大夫均有此装束。

C. 总管，古代官名，为地方高级军政长官、军事长官或管理专门事务的行政长官的职称。

D. 河朔，泛指黄河以北地区。"朔"在空间上指北方，在时间上指农历每月的初一，晦日是农历每月三十。

136. 下列说法不正确的一项是（　　）。

A. 己未，己未年。古代用十二天干和十地支循环相配，用来表示年、月、日和时的次序。

B. 金符，指古代帝王授予臣属的一种信物。金符包括铜虎符、金鱼符、金符牌等。

C. 元年，可以指帝王或诸侯即位的第一年或帝王改元的第一年，如贞观元年、康熙元年。

D. 保甲，旧时户籍编制制度，若干户编作一甲，若干甲编作一保，甲设甲长，保设保长。

137. 下列说法不正确的一项是（　　）。

A. 不讳，字面意义是指不可隐讳，又常常用作对尊长者死亡的一种委婉的代称。

B. 结婚，指男方女方两家之间结成婚姻关系，现代指男性与女性结为夫妇。

C. 休沐，字面意义是休息沐浴，古代官员每隔一段时间休沐，也就是请假休息。

D. 发觉，古代有败露之意，现代指发现、觉察，败露也可以理解为被发现、被觉察。

138.下列说法不正确的一项是（　　）。

A. "俳优"和"伶"在古代都是对表演艺人的称呼，多数情况下含有贬义。

B. 作词、作曲、唱曲都可以叫"度曲"。

C. "教坊"，唐代开始由官府设立的，专门用来培养宫廷乐舞人才的机构。

D. 衔枚指在口中横衔着枚。枚的形状像筷子，是古代行军时用以禁止喧哗的器具。

139.下列说法不正确的一项是（　　）。

A. 博士，秦汉时掌管书籍典章、通晓史事的官职，后指专通一经、教授生徒的官职。

B. 对策，就政事、经义等设问，由应试者回答自汉朝起作为取士考试的一种形式。

C. 五伯，即春秋五霸，说法之一指齐桓公、晋文公、楚庄王、吴王阖闾和越王勾践。

D. 茂材，即秀才，因避汉光武帝刘秀名讳而改称，明清乡试所中的秀才也沿用此称。

140.下列说法不正确的一项是（　　）。

A. 进士及第，中国古代科举制度中，通过最后一级中央政府朝廷考试者，称为进士，及第指科举考试应试中选，一甲叫进士及第。

B. 东宫是中国古代宫殿指称，因方位得名。后专指居住东宫的储君，即太子。

C. 授、进、历、擢、署、拜都是和官职有关的词语，其中进、擢指提升官职，署是代理官职。

D. 礼部，中国古代官署，长官为礼部尚书，管理全国学校事务、科举考试及藩属和外国之往来事。

141. 下列说法不正确的一项是（　　）。

A. 五经，《诗经》《尚书》《礼记》《易经》《论语》五部儒家经典的合称。

B. 博士，我国古代学官名。古代常指在学术上精通一经或一艺、从事教学的官职。

C. 《谷梁传》，儒家经典之一，与《左传》《公羊传》同为解说《春秋》的三传。

D. 父忧，古代父亲去世的婉辞。我国古代有为去世的父亲或母亲守丧三年的传统。

142. 下列说法不正确的一项是（　　）。

A. 擢，提拔、选拔，义同拔、升、加、加封等，古代用于提升官职。

B. 世券，又称铁券。始于明代，使其世代终身享有免除罪责的特权凭证。

C. 漠北，又称岭北，指中国北方沙漠、戈壁以北的广大地区，蒙古族活动区域。

D. 谥，即谥号，谥号是对死去的帝妃、诸侯、大臣以及其他地位很高的人，按其生平事迹进行评定后，给予或褒或贬或同情的称号，始于西周。

143. 下列说法不正确的一项是（　　）。

A. 知，有主持，执掌意；知州，地方行政机构州之长官。元祐年间，苏轼知登州，写下了"西北望，射天狼"的词句。

B. 古代多以右为上，为贵，为高。

C. 路，宋元时期行政区域名称。与辛弃疾《永遇乐·京口北固亭怀古》中的"烽火扬州路"的意思是相同的。

D. 牒，文书；度牒，官府发给出家僧道的凭证，宋时官府可出售度牒以充军政费用。苏轼易米救饥，即卖度牒之利。

144. 下列说法不正确的一项是（　　）。

A. 曾祖，"九族"之一，指父亲的祖父。"九族"按顺序一般指高祖、曾祖、祖父、父亲、己身、子孙、曾孙、玄孙。

B. 践阼，即"践阼"，意指走上东阶而成为主位或主祭，后多用于帝王登基、寿诞、册封等活动，也作"践胙"。

C. 庶子，官名，与"妾生之子"意思不同，原本为掌诸侯卿大夫的庶子教育事务的官员，后为太子官属。

D. 鱼袋，唐宋时官员佩戴之物，常与官服共同体现官阶等级。

145. 下列说法不正确的一项是（   ）。

A. 元年，在古代指帝王即位的第一年，同一帝王在位期间只能有一个元年。

B. 世祖，一般作为断代史开创者或者王朝承上启下的有作为的君主的庙号。

C. 麾下，"麾"指军旗。"麾下"指将帅的大旗之下，也指部下。

D. 阙，古代宫廷等门前两边的高的建筑物，后常指帝王所居之处，代指朝廷。

146. 下列说法不正确的一项是（   ）。

A. 车驾，指天子出巡时乘坐的马车，后亦用为天子的代称。

B. 国记，按时间顺序记述一国史实或事件的史书。

C. 郡县，秦朝统一后行郡县制，郡以下置县，官员由中央任免。

D. 太守，秦朝至汉朝时期对郡守的尊称，是一郡的行政长官。

147. 下列说法不正确的一项是（   ）。

A. 氏是表明家族系统的称号，姓则是从氏中衍生出来的分支。

B. 车驾，指帝王出行的工具，即所乘的马车。

C. 帝崩，对古代帝王之死的委婉说法，这种说法从周代开始。

D. 乞身，旧时视任官为委身于国君，因此将官员自请离职称为"乞身"。

148. 下列说法不正确的一项是（   ）。

A. 鳏：年老无妻或丧妻的男子；寡：年老无夫或丧夫的女子；孤：年幼丧父的孩子；独：年老无子女的人。

B. "辟之为掾"中"辟"是征召的意思，这是一种自上而下选拔官吏的制度。

"掾"即掾吏,是官府中的长官。

C. 京观:京,谓高丘也;观,阙型也。京观,古代为炫耀武功,聚集敌尸,封土而成的高冢。

D. "面缚舆榇",一种古代君主战败投降的仪式。"面缚"指反绑着手面向胜利者,表示放弃抵抗;"舆榇"指将棺材装在马车上,表示听凭处置。

149. 下列说法不正确的一项是(　　)。

A. 知县,指明朝以来府州一级最高行政官。知县为正七品,俗称"七品芝麻官"。

B. 套寇,也称河套之患,指的是14至16世纪侵扰劫掠河套地区的鞑靼骑兵。

C. 缢,指用绳、布匹等上吊而死。我国古代用刀割脖子称为"刎"或"刭"。

D. 士庶,士人和普通百姓,我国古代通常将普通民众称为"庶民"。

150. 下列说法不正确的一项是(　　)。

A. 契丹,古代国名,后来改国号为辽,先后与五代和北宋并立,与中原常常发生争端。

B. 兼,兼任职务。义同假、代、摄等。

C. 致仕,古代官员正常退休,盖指官员辞职归家。古代还有致事、致政、休致等名称。

D. 赠,即追赠,也叫追封、追晋,古代指朝廷在有功之臣死后授予其某种官职、称号等。

151. 下列说法不正确的一项是(　　)。

A. 服除,指古代官员父母去世,回家守丧,守丧期满将丧服去除,出来做官。

B. 行伍,古代军队编制,每五人为伍,二十五人为行,后用行伍泛指军队。

C. 声金,即鸣金,指古代打仗时敲击铜钲表示退兵号令,击鼓则是进军号令。

D. 尊俎，指古代盛酒肉的器皿，后为宴席代称，尊是置肉之几，俎是盛酒器。

152. 下列说法不正确的一项是（　　）。

A. 绯鱼袋指绯衣与鱼符袋，旧时朝官五品以上佩鱼符袋。

B. 出幸原指皇帝出外所至，后也讳指帝王外逃避难。

C. 相传夏禹铸九鼎，历商至周，为传国的重器。后以鼎代指国家政权和帝位。

D. 伏腊指伏祭和腊祭之日，"伏"在夏季伏日，"腊"在十二月，也称冬月，泛指节日。

153. 下列说法不正确的一项是（　　）。

A. 褐衣是用葛、兽毛等织就的粗布制成的衣物，是古时贫穷或地位低贱者的穿着。

B. 单于本是匈奴人对其首领的专称，后来成为我国古代北方游牧民族首领的统称。

C. 吕后名吕雉，汉高祖刘邦的皇后，惠帝时被尊为皇太后，在惠帝去世后临朝称制。

D. 河东指现在的山西西南部，因在黄河以东而得名，中华民族的主要发源地之一。

154. 下列说法不正确的一项是（　　）。

A. 晦，农历每月末一天，朔日的前一天；"晦朔"指从农历某月的末一天到下月的第一天，也指从天黑到天明。

B. 觐，古代宾礼之一，源于周代，是周代诸侯朝见天子的礼制。诸侯定期朝见天子，"春见曰朝，秋见为觐"，合称为朝觐。

C. 中书省负责草拟和颁发皇帝的诏令，与门下省、尚书省并称"三省"。其中门下省下设吏、户、礼、兵、刑、工六部。

D. 崩，古代帝王或皇后死曰崩；诸侯王死，唐以后也指二品以上官员死，曰薨；大夫死曰卒，士死曰不禄，庶民死曰死。

155.下列说法不正确的一项是（　　）。

A. 以荫补，在古代，指子孙因先世是高官或有功勋，没有通过科举考试而得以任职。

B. 御，对帝王及身边之人所做之事及所用之物的敬称，如御书、御览、御驾亲征等。

C. 奉祠，古代官职名称，担任奉祠的官员只领取俸禄而无具体职事，是闲散之职。

D. 京畿，其词源于东汉，意即"位于国之中央的都城"，后世一般指国都及其周围千里之内的地区。

156.下列说法不正确的一项是（　　）。

A. 袭父职，指儿子承袭已死父亲的爵位或官职。承袭者通常只能承袭比原爵低一级的爵位。

B. 御史，官名，职掌弹劾百官，巡按州县，考察官吏。

C. 廪饩，由官府提供的薪俸，一般按月供给。

D. 世券，又称铁券。明代赐予功臣，使其世代享有特权的凭证。外刻其功，中镌其过。若子孙犯罪，取券勘合，折其功过予以赦减。

157.下列说法不正确的一项是（　　）。

A. 卿大夫，西周、春秋时国王及诸侯所分封的臣属，要服从君命、纳贡赋与服役。

B. 崩，古代把天子的死看得很重，常用山塌下来比喻，所以帝王死称驾崩，也叫驾薨。

C. 持节，指古代使臣奉命出行，必执符节以为凭证。晋朝以后，持节还成为一种官名。

D. 燕见，和朝见相对而言，指古代帝王退朝闲居时召见或接见臣子，也可指公余会见。

219

158.下列说法不正确的一项是（　　）。

　　A.古人幼时命名，成年(男20岁、女15岁)取字，字是为了便于他人称谓，对平辈和尊辈称字乃出于礼貌和尊敬。

　　B.中国古代以祭祀之事为吉礼，丧葬之事为凶礼，军旅之事为军礼，宾客之事为宾礼，冠婚之事为嘉礼，合称、五礼。

　　C.先秦时期，御史是负责记录的史官、秘书官。自秦朝开始，御史专门作为监察性质的官职，负责监察朝廷、诸侯、官吏。

　　D.水部属于六部之一，掌航政及水利。长官为尚书，副职称侍郎。六部制从隋唐开始实行，一直延续到清末。

159.下列说法不正确的一项是（　　）。

　　A.河内，中国古代区域名称，以黄河以南为河内，而黄河以东则称河东。

　　B.五伯，即五霸，历史上有多种说法，多指中国春秋时期的五个霸主。

　　C.祭酒，原指古代飨宴时酹酒祭神的长者，后为官名，意为首席、主管。

　　D.孝悌，指孝敬父母、友爱兄弟，"孝悌"是孔子"仁爱"思想的根本。

160.下列说法不正确的一项是（　　）。

　　A.博士，学官名，始于战国，秦汉相承，西汉时为太常属官，晋置国子博士，唐设太子博士、太常博士等，后世沿设。

　　B.孝弟，即孝悌。孝指报答父母的养育之恩，悌指朋友同辈之间的友爱。孝悌是中国文化精神。

　　C.东宫，是古代宫殿之称，因方位而得名，后借指居住在东宫的储君，即太子；汉代长乐宫称"东朝"，又称"东宫"，太后所居，因以借指太后。

　　D.致仕，即交还官职，正常退休。古代官员想退休必须再三恳请君王批准，因而退休又被形象地称为"乞骸骨"，意谓使骸骨得归葬故乡。

161.下列说法不正确的一项是（　　）。

　　A.从弟，古代指共曾祖父而不共父亲又年幼于己者的同辈男性。若不共祖父则为从祖弟，若共祖父则为从父弟。

B. 六经，指经过孔子整理而传授的六部先秦古籍，分别为《诗经》《尚书》《礼经》《易经》《乐经》《孝经》。

C. 弃市，自商周时即有的一种死刑，具体指在众人集聚的闹市，对犯人执行死刑，以示为大众所弃的刑罚。

D. 捂绅，指插笏于绅。"绅"指古代仕宦者和儒者围于腰际的大带，故"捂绅"常用为官宦或儒者的代称。

162. 下列说法不正确的一项是（　　）。

A. 受禅，指王朝更迭，新皇帝承受旧帝让给的帝位。

B. 侍郎，本为宫廷近侍，后来一般用来称中书、门下二省及尚书省所属各部的正职。

C. 持节，古代官员或使臣外出时持有皇帝授予的节杖，以之为凭证，并且显示权威。

D. 配戍，古代的刑罚。配指发配，即流放到某地；戍指戍守，指作为兵士戍守该地。

163. 下列说法不正确的一项是（　　）。

A. 字，古代男子20岁成人后，不便直呼其名，而另取一个与本名含义相关的别名。

B. 孝文是汉文帝的庙号，他施行休养生息的政策，开创了"文景之治"的繁盛局面。

C. 谒者是皇帝的侍从人员，负责宾客迎送、接收奏章、通报传达等，主官称"谒者仆射"。

D. 二世指秦朝第二位皇帝，他在位时任用赵高实行酷政，最终激起陈胜、吴广起义。

164. 下列说法不正确的一项是（　　）。

A. 征命：指皇帝征召的命令。管宁曾写《辞征命上疏》，表达了不愿入朝为官的意愿。

B. 耆艾：古以60岁为耆，50岁为艾，亦指尊长、师长。

C. 博士：有博今通古、古代学官、对某类人的尊称的含义。

D.《三国志》：二十四史之一，西晋史学家陈寿著，分为"魏书""蜀书""吴书"，是国别体史书。

165. 下列说法不正确的一项是（　　）。

A. 刺史，原是奉皇命检核地方官的职务，后成为掌一州军政大权的要职。

B. 嫡嗣，可指皇位承继人，即太子。嫡，宗法制度下妻或妾生的长子。

C. 起居注，是我国古代帝王的言行录，是编纂历史书籍的重要根据。

D. 赠，古代朝廷对功臣的先人或其本人死后追封爵位、官职和荣誉称号。

166. 下列说法不正确的一项是（　　）。

A. 敕，中国古代帝王或肱股之臣诏令文书的文种名称之一。用于任官封爵和告诫臣僚。

B. 视事，旧时指官吏到职办公。多指政事言。

C. 御史，秦始，御史是监察性质的官职，负责监察朝廷、诸侯、官吏，一直延续至清。

D. 正统，古代纪年法有干支纪年、年号纪年和王公年次纪年等，正统属年号纪年法。

167. 下列说法不正确的一项是（　　）。

A. 进士，中国古代科举制度中，通过最后一级中央政府朝廷考试者。进士又分为状元、榜眼、探花三个等次。

B. 河套，指内蒙古和宁夏境内贺兰山以东、狼山和大青山以南黄河流经地区。此地历代均以水草丰美著称。

C. 互市，中国历史上始于汉代的中央王朝与外国或异族之间贸易的通称，如起源于唐宋时期的"茶马互市"。

D. 少保，东宫官职之一，明清从一品。太师教太子文，太傅教太子武，太保保护太子安全，少保为太保的副职。

168.下列说法不正确的一项是（　　）。

A. 乞归，请求辞职回乡。表示此类意义的词还有"乞归养""乞骸骨""致仕""致政""休政"等。

B. 领，有兼任之意。古代表示兼职、代理官职的同词语有"权""兼""摄""判""署"等。

C. 丁内艰，丧制名，凡子遭母丧或承重孙遭祖母丧。按照中国古代的制度，朝廷官员的父母亲如若死去都需要回家居丧。

D. 进士及第，科举殿试录取分为三甲，一甲三名，赐"进士及第"的称号，第一名叫状元，第二名叫探花，第三名叫榜眼。

169.下列说法不正确的一项是（　　）。

A. 进士，科举考试的最高功名。考中进士，一甲即授官职，其余二甲参加翰林院考试，学习三年再授官职。

B. 视事，即考察政事，明代通常会派遣廷臣管理地方事务和对原有机构进行视察、改革以整饬吏治、革除积弊。

C. 大学士，为辅助皇帝的高级秘书官。又称内阁大学士、殿阁大学士等。大学士中居首者，号称首辅，其权最大。

D. 谥，古代帝王或大官死后评给的称号，但亦有"私谥"，即古代士大夫死后由亲属、朋友或门人给予的谥号。

170.下列说法不正确的一项是（　　）。

A. 公，古代爵位名称。周代有五等爵位，即公、侯、伯、子、男。春秋时，也多以"公"作为"王"以下的最高爵号，如晋文公。

B. 崩，帝王或王后的死。"天子死曰崩，诸侯死曰薨，大夫死曰卒，士曰不禄，庶人曰死"，这反映了古代封建社会严格的等级制度。

C. 践阼，"践"，登；"阼"，东阶，是为主人之位。践阼，古代帝王新即位，升宗庙东阶以主祭。后来就引申为帝王即位、登基。

D. 国，周代天子统治的是天下，等于现在说的"全国"。此处"国"指武王被封赏之地，与"时国王骄奢"中的"国"含义不同。

171. 下列说法不正确的一项是（　　）。

　　A. 字：指在本名之外另取的和本名意思通常有某种关系的称呼。

　　B. 免冠：脱去帽子，我国古时可以表示敬意，也可以表示谢罪。

　　C. 廷尉：官名，掌军事。秦汉至北齐时期主管军事的最高官吏。

　　D. 弃市：古时死刑之一，是在人群聚集的闹市对犯人执行死刑。

172. 下列说法不正确的一项是（　　）。

　　A. 孝廉，汉代察举制的科目之一。通过"举孝廉"，可形成"在家为孝子，出仕做廉吏"的良好风尚。

　　B. 永嘉，年号。年号是用来纪年的一种名号，一个皇帝只能有一个年号，故能以年号作为皇帝的称呼，如康熙皇帝。

　　C. 吏部，古代官司署之一，掌管天下文官的任免、考课、升降、勋封、调动等事务，其长官称吏部尚书。

　　D. 少牢，古代祭祀时只有羊、猪的称"少牢"，牛、羊、猪齐备的称"太牢"。天子祭祀用太牢，诸侯祭祀用少牢。

173. 下列说法不正确的一项是（　　）。

　　A. 畿内，古代指王都及其管辖地区。后称"京畿""京兆"，泛指京城及四周管辖的地方。

　　B. 太府，官署名。北魏孝文帝末年，改少府为太府，以少卿、卿为主官，掌财货库藏。

　　C. 御史中尉，官职名。北魏由御史中丞改置，战时有军中执法权限，便于监察武官。

　　D. 文德，可指写文章的道德，也可指礼乐教化。

174. 下列说法不正确的一项是（　　）。

　　A. 左骖，古代驾车三马中左边的马。后用四马，亦指四马中左边的马。

B. 缧绁，捆绑犯人的绳索。借指监狱，可引申为捆绑。

C. 大夫，古代官职名。先秦诸侯国中，国君之下有卿、大夫、士三级。

D. 桓公，指齐桓公，他与宋襄公、晋文公、秦穆公、楚怀王并称为"春秋五霸"。

175. 下列说法不正确的一项是（　　）。

A. 贞观是唐朝第二位皇帝唐太宗的年号，太宗在位期间开创了"贞观之治"的盛世。

B. 谱牒是记述氏族或宗族世系的书籍，具有区分家族成员血缘关系亲疏远近的作用。

C. 忝是常见的敬辞，是有愧于做某事的意思；忝膺，用来表示惭愧受任某一职位。

D. "里"指城市之中人口、商铺等相对集中的某一区域，类似于今天所说的街区。

176. 下列说法不正确的一项是（　　）。

A. 内忧，即丁内忧，古代朝廷官员在位期间，凡子遭父母丧，必须辞官回到祖籍，为之守孝。

B. 契丹，既是某民族称号，又曾是国号。五代时契丹某部落的首领乘中原内乱统一各部，几年后称帝建国，国号契丹。

C. 太子太师，"东宫三师"之一，多为虚衔无实职。负责护翼并以道德辅导太子。也常用来追赠死去的重臣。

D. 族诛，古代社会死刑中的一种，当一位家庭成员犯下通番卖国、密谋造反等滔天死罪时，对其家族施以此酷刑。

177. 下列说法不正确的一项是（　　）。

A. 钦宗，皇帝的庙号，是在太庙立室奉祀时特起的名号；庙号多用祖、宗称谓。

B. 丁父忧，指遭遇父亲的丧事。古代官员遭逢父母去世，按规定要离职居家守丧。

C. 崩，可指天子死。古代对不同身份者的"死"有不同称谓，如大夫之死曰"不禄"。

D. 奉祠，指宋代五品以上的官员，年老不能任事或者退休后，只是领取俸禄。

178. 下列说法不正确的一项是（　　）。

A. 义疏，古书注释体制之一。疏通原书和旧注的文意，或对旧注进行考核、补充、辩证。

B. 博士，秦汉时是掌管书籍文典、通晓史事的官职。

C. 南面，代称帝位。古代坐北朝南为尊位，天子、诸侯见群臣，卿大夫见僚属，皆面南而坐。

D. 领，代理之意。古代表示代理官职的词语还有很多，如"权""摄""署""行"等。

179. 下列说法不正确的一项是（　　）。

A. 茂才，即秀才，东汉时因避光武帝刘秀的讳而改称之，与后代科举的"秀才"含义不同。

B. 公车，汉代官署名，因汉代曾用公家车马接送应举的人，后也以"公车"泛指入京应试的举人。

C. 三辅，汉时本指治理京畿地区的三位官员，后指这三位官员管辖的地区，在今陕西西安附近。

D. 印绶，旧时称印信和系印的丝带，亦借指官爵；"解印绶"，指解下印绶，与"解褐"意同。

180. 下列说法不正确的一项是（　　）。

A. 太祖，作为帝王庙号使用，常见于开国皇帝，因创立基业，功劳甚大，故继承帝位的子孙尊其为"太祖"。

B. 徙，改任官职，多指一般的调职，和"移""调""转"意思相近。

C. 陛下，对帝王的尊称。陛下本义是台阶，其两侧是古时帝王卫士的戒备之地，后演变为对帝王的尊称。

D. 庶人，周代称国人中的下层为庶人。秦以后，除奴婢外，无官、爵及秩品者均泛称庶人，一直延续到今天。

181. 下列说法不正确的一项是（　　）。

A. 起居注是我国古代帝王的言行录，内容包含皇帝日常起居、言行等，也可是负责这类工作的职官名。

B. 召对指古代的君王召见臣下，让他们回答有关政府施政的相关事务、经书典籍的义理等方面的一些问题。

C. 职方是掌管舆图、军制、城隍、镇戍、简练、征讨之事的官署名称，唐宋至明清时期都在兵部设职方司。

D. 建祠指为纪念伟人名士而修建供舍，后常把子孙祭祀祖先的处所叫作"祠堂"，但不能为活人修建祠堂。

182. 下列说法不正确的一项是（　　）。

A. 进士，中国古代科举制度中通过最后一级中央朝廷考试者。隋炀帝大业年间始置进士科目，一直沿用到清朝。

B. 河东，代指山西，因黄河流经山西省西南境，山西在黄河以东。秦汉时期，"河东"指河东郡地，唐朝以后泛指山西。

C. 契丹，中国古代游牧民族，源于东胡，北魏时自号"契丹"。唐朝末年，迭剌部首领阿保机统一各部族，建立辽国。

D. 日昃，亦称"日仄""日侧"等，为天色纪时法。"昃"意为太阳偏向西方，"日昃"大约相当于现在的下午六时前后。

183. 下列说法不正确的一项是（　　）。

A. 纳言，古代官职名，职责是宣达帝命。史书记载："纳言，喉舌之官，听下言纳于上，受上言宣于下，必以信。"

B. 三军，我国古代指上、中、下或左、中、右或步、车、骑三军，与现代陆、海、空三军的实质意义不同,亦可用于对军队的统称。

C. "幸"有"召幸"与"近幸"之分,前者多指帝王对臣下的召见,后者则特指皇帝对嫔妃而言。

D. 禳,指消除灾邪。祈禳是道教最富特色的法术,祷告神明以求平息灾祸,福庆延长。《三国演义》中诸葛亮欲用禳星术延长自己的寿命,意外失败。

184. 下列说法不正确的一项是(　　)。

A. 府,旧时行政区划名,比县高一级。

B. 通判,官名,掌管州府的粮运、家田、水利和诉讼等事项,同时对州府的长官有监察之责。

C. 靖康,宋钦宗的第一个年号,也是北宋的最后一个年号,共使用两年。

D. 北狩,指到北方打猎,这里运用了春秋笔法,实际指的是两宫因金人再犯京师而被迫向北撤退。

185. 下列说法不正确的一项是(　　)。

A. 领,兼任官职的意思,与之意义相同的还有"兼";"署""权"则表示暂代官职。

B. 起复,封建时代,官吏有丧,守丧未满期而重新起用,称作"起复"。也可以指降职或革职后重被起用。

C. 斛,容量单位,南宋以前,十斗为一斛,南宋末年改作五斗一斛。

D. 户部,六部之一,负责全国税收、土地、户籍、外交等事务,其主官为侍郎。

186. 下列说法不正确的一项是(　　)。

A. 古时使臣出使需要持信物,如符节。节,代表朝廷重臣的身份,使者持节就代表重臣亲临,可行使权利。

B. "楼橹"指的是守城或攻城时用的高台战具。楼橹顶端设望楼,以瞭望瞰制敌城,在攻城之时与土山配合使用。

C. 作为一种文体，"疏"主要用于臣僚向帝王分条陈述自己对某件事的意见，又称"奏疏"或"奏议"。

D. 古人对死的称谓等级森严，"天子死曰崩，诸侯死曰薨，大夫死曰卒，士曰不禄，庶人曰死"。

187. 下列说法不正确的一项是（　　）。

A. 秩，指古代官吏的俸禄，也指官吏的官阶、品级，"削三秩"指被贬官三级。

B. 传檄，指传布檄文。檄文指用于征召，晓谕的政府公告或声讨、揭发罪行等的文书。

C. 谥文懿，谥号是古人对死去的地位高的人给予或褒或贬的称号，"文懿"是褒扬的谥号。

D. 群经，指儒家经典；百氏，指诸子百家。群经百氏都是科举时代儒生应试考查的内容。

188. 下列说法不正确的一项是（　　）。

A. 舍：古时行军以三十里为一舍。如"退避三舍"就是主动退让九十里。

B. 谪：封建时代特指官吏降职。"迁"指调动官职，"迁谪"特指官吏降职，调往边外地方。

C. 元丰：是皇帝纪年的名号，我国纪年法还有王公即位年次纪年法、干支纪年法、年号干支兼用法等。

D. 朔日：指农历每月的最后一天，此外农历每月第一天叫晦，十五叫望，十六叫既望。

189. 下列说法不正确的一项是（　　）。

A. 出阁，皇子出就藩封。古时也指内阁官员出任外职。古时也称公主出嫁为"出阁"，后以"出阁"泛指女子出嫁。

B. 薨，古代称诸侯之死。后世有封爵的大官之死也称薨。

C. 致仕，古代官员奉命退休。致仕的年龄必须为70岁，有疾患则提前。

古人还常用致事、致政、休致等名称。

D. 祖，出行前祭祀路神。从周朝的时候起，上至君王，下至平民，出门都要祭祀路神，意思是求路神保佑自己一路平安。

190. 下列说法不正确的一项是（　　）。

A. 太祖，这是用庙号来指称皇帝。除此之外还可以用道号、年号来指称皇帝。

B. 嫡子，正妻所生之子，地位高于庶子，嫡长子往往享有优先继承爵位和财产的权利。

C. 襁褓，襁指背小孩子用的宽带子，褓指包婴儿的被子，后来以此借指两三岁的小孩。

D. 笏，古代臣下上朝面君时的工具，自唐高祖起有品第之分，执象笏的官员官职较高。

191. 下列说法不正确的一项是（　　）。

A. 字，古代男子20岁成人时举行加冠礼取字，以表示对本人的尊重或供朋友称呼。如苏武字子卿，张衡字平子。

B. 绍兴，宋高宗的年号，取"绍祚中兴"之义。年号是古代常用的纪年方式，如《张衡传》中永元、阳嘉、顺帝等。

C. 筮，古代用蓍草的茎占卦的一种活动。古人将做官时会占卜问吉凶，故也称刚做官为"筮仕"，《氓》中"尔卜尔筮"为成婚前问吉凶。

D. 辟，征辟制是自汉代推行的自上而下的选拔官吏制度，皇帝征召称"征"，公府征召称"辟"。如《张衡传》"连辟公府不就"。

192. 下列说法不正确的一项是（　　）。

A. 吏部：隋唐至明清中央行政机构的六部之一，掌管全国文职官吏的任免、考核、升降、调动等事。

B. 景云二年：古代纪年常用干支纪年法、年号纪年法和王公年次纪年法等，"景云二年"属于年号纪年法。

C. 母忧：指母亲之丧，按儒家孝道观念，朝廷官员遭逢父母去世，须辞官回家守丧，叫丁忧或者丁艰。母亲去世叫"丁内艰"，父亲去世叫"丁外艰"。

D. 谥：指谥号，是古代帝王、高官大臣等死后，朝廷为了褒扬他们而给予的称号。

193. 下列说法不正确的一项是（　　）。

A. "二千石"，月俸百二十斛，后称郎将、郡守和知府为二千石。"累世二千石"说明出身官宦世家。

B. "郎中"和"左丞"两种官职，属中央部门，"郎中"的官阶远远高于"左丞"，分掌各司事务，其职位仅次于尚书、侍郎。

C. "太牢"指古代祭祀天地时，牛、羊、豕三牲全备。"少牢"只有豕、羊，没有牛。

D. 太庙原是供奉皇帝先祖及历代皇帝的地方。后皇后、宗室、功臣的神位在皇帝的批准下也可以被供奉在太庙，称为配享太庙。

194. 下列说法不正确一项是（　　）。

A. 户部，六部之一，掌管全国土地户籍、军需赋税、财政俸禄，长官为尚书，副职为郎中。

B. 鳏寡，泛指老弱孤苦的人。鳏，年老无妻或丧妻的男子；寡，年老无夫或丧夫的女子。

C. 建祠，在古代，可指为表达对造福当地的官员的感激之情而在其生前所立的祠堂，即建生祠。

D. 参知政事，唐宋时期最高政务长官之一，与同平章事、枢密使、枢密副使合称"宰执"。

195. 下列说法不正确的一项是（　　）。

A. 结忘年就是人与人之间在年龄、辈分上存在较大差距，仍以德才相敬慕而结交。

B. 实封，意思是指受封者能实实在在地得到封地上的租赋。

C. 出，指因过错而离开朝廷出任地方官；入，指因政绩被从外地提升到朝廷任职。

D. 配享，古代指有大功于社稷的臣子，经皇帝允许在死后享受供奉于太庙的待遇。

196. 下列说法不正确的一项是（　　）。

　　A. "蛮"，先秦非华夏民族的泛称之一，秦汉至魏晋南北朝为北方少数民族的泛称。

　　B. "桑梓"，古代人们喜欢在住宅周围栽植桑树和梓树，后人往往用"桑梓"代指故乡。

　　C. "阙"，原指皇宫前面两侧的楼台，又可用作朝廷的代称，"归阙"意为返回京师。

　　D. 践阼，古代庙寝堂前两阶，主阶在东，称阼阶，践阼指走上主位，意为登基。

197. 下列说法不正确的一项是（　　）。

　　A. 部曲，古代一种军队编制单位，大将军营五部，部有曲。泛指部队、部属。

　　B. 乙丑是干支之一，古人用天干和地支组成六十个数的周期来纪日，从甲子开始，以癸亥结束。

　　C. 辎重，是古代军事中的用语，指跟随作战部队行动的、有帷盖的运输车辆。

　　D. 大理寺，负责审理刑狱案件的部门，相当于我国的最高法律机构。

198. 下列说法不正确的一项是（　　）。

　　A. 太子，两汉时指皇帝、诸侯王的继承人，诸侯王的继承人后来称"世子"。

　　B. 崩，专指古代皇帝死亡，也叫"驾崩"，取江山少了支柱而会崩塌的意思。

　　C. 留侯指张良，凭借出色的智谋，协助刘邦赢得楚汉战争，建立大汉王朝。

　　D. 太傅，中国古代职官，始于西周，为帝王之师，掌管礼法，位列三公之一。

199. 下列说法不正确的一项是（　　）。

A. 笞，指中国古代用竹板或荆条拷打犯人脊背或臀腿的刑罚。笞又可以解释为"耻"，对犯小过失的人施刑羞辱。

B. 解褐，"褐"通常指用粗麻或兽毛织成的粗布或粗布衣服，上古贫民穿褐衣。"解褐"指脱去粗布衣服，喻入仕为官。

C. 崩，本指山倒塌，古代把天子的死看得很重，常用山塌下来比喻，由此后世把皇帝、皇后或皇太后的死称"崩"。

D. 京畿，古代指京城附近的地方，周代称为"王畿"。朝代不同说法不同，但是指的都是古代都城周围地区。

200. 下列说法不正确的一项是（　　）。

A. 丁外艰，也称为"丁母忧"，古代丧制名，指子遭母丧或承重孙遭祖母丧。

B. 服阕，古代服丧三年后除去丧服。"服除""免丧""释服"也可表示此意。

C. 路，宋元时代行政区域名。宋代的路相当于明清的省，元代的路相当于明清的府。

D. 御史，本为史官，秦以后御史作为监察性质的官职，负责监察朝廷、诸侯、官吏。